L'Obéissance

Direction : Catherine Saunier-Talec

Responsable éditoriale : Tatiana Delesalle-Féat

Édition : Marion Turminel

Lecture-correction : Claire Fontanieu

Responsable artistique : Antoine Béon

Conception graphique : Nicole Dassonville

Adaptation et réalisation : Catherine Le Troquier

Couverture : Le Bureau des Affaires Graphiques

Fabrication : Amélie Latsch

L'éditeur remercie Laura Fidler pour son aide précieuse.

MINI GUIDE HACHETTE

L'Obéissance

Par Béatrice Millêtre et Aurore Aimelet

hachette FAMILLE

Sommaire

Avant-propos

Y a-t-il plus agaçant dans la vie d'un parent que ce moment, ô combien détestable, où l'enfant gît sur le canapé alors que nous lui avons demandé de ranger sa chambre ? Trois fois déjà, il va de soi… Après une longue journée de travail, il nous est difficile de rester calme. Nous vaquons à nos occupations, jetant un œil sur l'heure, visualisant ce qui nous reste à faire, les devoirs du plus grand, la purée du petit dernier… La tension monte, l'ambiance est orageuse.

L'enfant, lui, semble serein, toujours confortablement affalé sur le canapé. C'est l'image de trop. Il se moque de nous ou quoi ? Assister, impuissants, à cette nonchalance nous met hors de nous. Au bord de la crise de nerfs, nous sévissons pour nous faire obéir : « À trois, c'est la fessée ! Un, deux… » Ouf ! Ca y est, il a bougé une jambe et se dirige pesamment vers sa chambre. Miracle, il a obéi.

Et nous, nous sommes, au choix : énervés, tristes, usés, affligés, désespérés. Bref, encore plus fatigués qu'avant. Sans compter cette petite pointe de culpabilité qui nous blesse le cœur. Nous avons crié, nous avons menacé et nous avons horreur de ça. Pourquoi faut-il toujours en arriver là pour faire revenir à la réalité l'enfant ostensiblement léthargique ?

Désormais assis au bureau de l'aîné – pas plus enclin à faire ses devoirs que ne l'était le cadet à ranger sa chambre –, nous nous demandons comment parvenir à nos fins. Comment diable nous faire obéir ? Les autres parents semblent bien y parvenir pourtant… Alors, qu'est-ce qui ne va pas chez nous ? Ou alors, qu'est-ce qui cloche chez eux ?

Arrive l'heure du dîner et la purée du petit dernier. Mais c'est la journée de l'échec et personne ne nous avait prévenus. Bébé refuse de manger, jette cuillère et carotte par terre. L'assiette est vide et la coupe est pleine. Nous sommes arrivés à saturation. Il nous faut de l'aide. Oui, il nous faut absolument le mode d'emploi de ces trois-là ! Et vite. Nous avons besoin d'un kit d'obéissance, une formule à prononcer trois fois devant l'enfant pour qu'il s'exécute illico, un gri-gri pour chasser les mauvais comportements, une potion magique pour le métamorphoser en petite fille modèle ou en gentil petit garçon.

Mais les modes d'emploi permettent de faire fonctionner les machines fabriquées en série ; pas les enfants. Et les recettes toutes faites tiennent rarement leurs promesses. Elles ne sont, de toute façon, jamais à la hauteur de nos grandes espérances.

La poudre de perlimpinpin n'existe pas. Est-ce à dire que nous sommes démunis face à l'opposition de nos trois chérubins ? Non. Nous pouvons la fabriquer, notre poudre. C'est à nous, parents, de regarder cet être si singulier, notre enfant, pour comprendre comment lui – et pas un autre – fonctionne. C'est à nous de nous interroger pour mieux nous adapter, à nous de l'aider à grandir en lui donnant envie d'avancer, à son rythme, en fonction de ses besoins, de ses talents et de ses fragilités. Et en fonction des circonstances, puisque c'est au sein d'un environnement complexe et élaboré qu'il évolue, ne l'oublions pas...

Aucune méthode n'est infaillible dès qu'il est question de matière vivante. Laissons de côté les diktats socioculturels qui voudraient nous voir endosser le costume du parent parfait. Nous ne le sommes pas. Mais alors, pourquoi attendre que notre enfant le soit ? N'est-ce pas parce qu'il est lui, tout particulièrement, que nous l'aimons tant ?

Si les méthodes ne sont jamais infaillibles, reste que certaines théories et nombre d'astuces sont efficaces en matière d'éducation. Les comprendre et nous les approprier nous aideront à nous sortir des situations les plus délicates. Bientôt, le cadet rangera sa chambre sans passer par la case larve sur canapé. Demain, l'aîné fera ses devoirs tout seul. Et bébé mangera sa purée. Ou pas. Une chose est certaine : nous ne verrons plus l'obéissance de la même façon. Parce qu'elle ne sera plus un problème. C'est ça notre recette magique...

Pourquoi voulons-nous qu'il obéisse ?

Avant de nous plonger dans le vif du sujet, il n'est pas inintéressant de regarder ce qui se joue en nous, parents, lorsque l'enfant nous oppose un refus. Ou plus simplement traîne les pieds. Il ne s'agirait pas de faire un hors sujet...

COMMENT OBÉIR OU POURQUOI OBÉIR ?

Une fin d'après-midi comme les autres au square. 18 h approchent. Les adultes commencent à ranger ballons et biberons, se lèvent, se regardent. Il est temps de rentrer et chacun redoute le drame imminent qui se dessine. Il va falloir convaincre celui qui surplombe le monde du haut de son toboggan de quitter les lieux pour 1/ aller faire les courses, 2/ prendre une douche, 3/ dîner, 4/ aller au lit. « Oui, Maman » « Tout de suite, Papa »... Comme nous aimerions les entendre ces mots simples ! Faut-il imposer ? Négocier ? Attendre ? Comment faire obéir un enfant ? Derrière cette question, s'en cache une autre, bien plus cruciale : pourquoi voulons-nous qu'il obéisse ? À cette question-là, nous sommes nombreux à prétendre qu'*il le faut ! Il faut* quitter le parc, c'est l'heure. Mais après tout... pourquoi ?

IL LE *FAUT* !

Très honnêtement, il *faut* qu'il obéisse parce que nous n'avons pas le temps, pas l'envie, pas le courage de faire autrement. Notre problème n'est pas tant que l'enfant obéisse mais qu'il obéisse… tout de suite, immédiatement. Notre rêve finalement serait de donner une consigne et qu'elle soit suivie tout de go. Peu importe que notre enfant obtempère dans un quart d'heure ! Nous attendons de lui qu'il s'exécute dans la seconde, qu'il descende du toboggan et que nous quittions le parc. C'est cela qu'il *faut*. Seulement voilà, l'enfant ne l'entend pas ainsi. Il n'a pas du tout envie de 1/ faire les courses, 2/ prendre une douche, etc. Alors, il n'obéit pas. Du moins, pas tout de suite. Car, si nous prenons un peu de recul, nous nous apercevrons vite que la désobéissance ne s'éternise jamais…

Souvenons-nous de la dernière fois où une telle situation s'est produite. Nous devions quitter le square ou l'une de ses variantes, obtenir que l'enfant se mette à table ou qu'il s'habille pour aller à l'école. Le garnement, selon nous, n'en faisait qu'à sa tête et désobéissait. Mais a-t-il fini par faire ce que nous demandions ? La réponse est oui. Il y a fort à parier que nous avons finalement quitté le square, qu'il est venu se mettre à table ou qu'il soit allé à l'école dûment vêtu.

PARCE QU'ON N'A PAS LE TEMPS !

Les enfants finissent toujours par faire ce que nous leur demandons – comme ils finissent, avec le temps et au fur et à mesure

Suivez le guide !

Quel est le rôle d'un parent ? Ce n'est pas un sergent-chef ni un dresseur d'animaux ! Il s'agit d'accompagner l'enfant sur son chemin. Comme un guide touristique fait découvrir un pays étranger, avec ses merveilles et ses dangers. Ses possibles et… ses limites.

des apprentissages, par être plus conciliants. Le problème n'est donc pas que l'ordre soit suivi d'effets à plus ou moins long terme, deux ou dix minutes. La désobéissance d'ailleurs n'est pas tant un problème. C'est seulement qu'elle nous pose problème... à nous, parents.

D'abord, nous avons des impératifs et supportons mal d'attendre le bon vouloir d'un plus petit que nous ! La vie sociale est rythmée par nombre de devoirs et n'est pas toujours conciliable avec la patience dont il convient de faire preuve avec les enfants. La « désobéissance » nous fait perdre du temps et nous n'avons pas que ça à faire ! En réalité, c'est l'attente, ce moment insupportable pour le parent, épouvantable parfois, que nous qualifions frauduleusement de désobéissance.

PARCE QUE, SINON, ON EST UN MAUVAIS PARENT

Il faut dire que ce laps de temps renvoie tout parent à des notions d'incapacité, de faiblesse, de lacune. Au square, devant les autres adultes qui, croyons-nous, arrivent eux à se faire entendre, nous nous sentons jugés, dévalorisés, démunis. Et cela non plus nous ne le supportons pas. L'opposition d'un enfant n'est pas une situation facile à vivre. Elle remet en cause et en question nos capacités et nous déséquilibre dans notre rôle de parent.

Il *faut* donc que l'enfant obéisse parce que, dans le cas contraire, nous serions un mauvais parent. Aux yeux des autres, ceux de notre sœur, évidemment exemplaire, ou ceux de la boulangère, coriace et sévère. Aux yeux de la société aussi, qui a depuis quelques années déjà proclamé les règles strictes qui font la bonne éducation. Enfin à nos propres yeux : instinctivement, nous voyons en toute opposition juvénile un manque de respect, une disqualification.
Sommes-nous une bonne mère en attendant qu'il ait terminé son tour de toboggan ? Sommes-nous un père modèle en haussant la voix pour exiger qu'il descende immédiatement ? Difficile de trouver le

juste milieu, le juste équilibre entre sévérité et indulgence tant nous avons tendance à n'envisager que ces deux extrêmes.

PARCE QU'ON SE SENT MAL

Enfin, la désobéissance de l'enfant déclenche nécessairement des émotions désagréables, des situations conflictuelles. Encore quelque chose d'insupportable pour le parent concerné par l'éducation et l'épanouissement de son bambin. Notre enfant n'obéit pas et nous avons de la peine. Nous avons peur aussi : de ne pas y arriver ou qu'il souffre de nos lacunes. Ou peut-être sommes-nous en colère ? Contre nous-même ? Contre lui ?

En proie à des émotions douloureuses, véritablement bouleversés, nous manquons notre objectif. Nous ne voyons plus notre but qui était, rappelons-le, de quitter le square. Complètement chamboulés, nous avons grondé, crié, menacé, peut-être même puni. L'enfant a obéi et nous sommes partis. Aurions-nous pu éviter le conflit ? Oui. Aurions-nous pu le préserver et nous préserver d'un rapport de forces déplaisant donc préjudiciable ? Oui.

QUEL EST L'OBJECTIF ? QUELS SONT NOS MOYENS ?

En elle-même, l'obéissance ne poursuit aucun but. Que nos ordres soient exécutés, que l'enfant se plie à nos injonctions, qu'il suive nos directives ne présente guère d'intérêt – hormis, avouons-le, celui d'avoir la paix et de nous conforter, aux yeux des autres comme aux nôtres, dans un rôle de parent idéal.

Notre objectif, en réalité, est... de ne pas oublier que nous en avons un ! Quelles que soient les circonstances, il s'agit de garder en point de mire notre but, notre priorité. Puis s'interroger : quels sont les outils dont nous disposons pour parvenir à nos fins ? Que souhaitons-nous faire ? Continuer de menacer, crier et punir pour que l'enfant « obéisse » ? Baisser les bras parce que, quoi que nous fassions, nous n'y arrivons

Le droit de ne pas se faire obéir

Nous avons le droit de ne pas considérer la désobéissance de notre enfant comme un problème ! L'éducation doit être cohérente pour être constructive. Si notre petit, quoique capricieux, nous semble épanoui, si nous ne souffrons pas de son opposition, si nous cédons régulièrement mais assumons, n'estimons pas mauvaise notre éducation. Et n'en changeons pas radicalement. Au contraire, cessons de culpabiliser. Baisser les bras ponctuellement n'est pas un danger pour le développement de l'enfant, c'est même salutaire. Si telles sont nos convictions, la légèreté n'est pas nécessairement un problème. Dans quel cas alors devons-nous nous interroger ? Un seul : lorsque l'opposition de notre enfant devient systématique et que nous subissons la situation. Nous lui cédons en permanence mais, ce faisant, agissons à l'encontre de nos convictions. Nous disons oui, non parce que nous sommes convaincus du bien-fondé d'un oui, mais pour éviter de contrarier notre enfant et lui faire plaisir. Nous n'osons pas, nous n'osons plus dire non. Nous nous sentons mal et notre enfant aussi. Les prochaines pages nous aideront à mieux nous affirmer.

pas et n'y arriverons jamais ? Ou faire en sorte que l'enfant, plutôt que nous « obéir parce qu'il le faut », nous écoute ?

DU RÊVE À LA RÉALITÉ, DE L'OBÉISSANCE À L'ÉCOUTE

L'objectif, finalement, n'est pas que l'enfant obéisse à son parent. Mais qu'il écoute son parent pour comprendre, pour apprendre, pour grandir. S'il *faut* quelque chose, c'est qu'il soit à notre écoute et que nous soyons nous-mêmes à son écoute. Car la répression, nous le savons, ne marche pas. Cessons de voir l'enfant tel un délinquant en puissance qu'il conviendrait de soumettre et contraindre pour son bien. Il n'est pas un petit monstre qui fait exprès de nous désobéir pour nous faire devenir fous. C'est un être en devenir que nous avons choisi de mettre au monde et donc d'accompagner, de regarder, de comprendre.

S'agit-il de faire preuve de laxisme ? Certainement pas ! Se montrer compréhensif et être à l'écoute n'empêche pas de s'imposer et de faire preuve d'une juste autorité. La conviction, la fermeté n'est contraire ni à l'amour, ni à la tendresse... Autorité et bienveillance ne sont pas à opposer, bien au contraire.

« Oui, Maman » « Tout de suite, Papa »... Ces mots sont finalement de l'ordre du rêve et de la projection. Notre projet, lui, n'a rien d'un rêve. Il n'est pas que l'enfant obéisse ; il est de lui apprendre à écouter. C'est réellement possible, concrètement faisable. Et parfaitement plaisant.

FOCUS

- Les enfants n'obéissent pas toujours et pas immédiatement.
- C'est aux parents que la désobéissance pose majoritairement problème.
- Pour se faire entendre, il y a mille façons autres que la répression.

À quoi servent les règles et les limites ?

Remettons les choses dans l'ordre. Pour que nos demandes aient une chance d'aboutir, nous devons nous montrer convaincants. Mais pour nous montrer convaincants, nous devons être convaincus du bien-fondé de nos limites. Pourquoi les règles de vie sont-elles nécessaires au bon développement de l'enfant ? Rappel des fondamentaux.

ÉVITER LES DANGERS

En premier lieu, essayons de changer de point de vue et voyons l'obéissance à hauteur d'enfant. Le respect des règles ne gagne pas à être considéré comme un bénéfice pour le parent. Bien sûr, cela apaise les relations en famille et cela facilite la tâche des adultes. Mais les limites et les repères – et c'est dans cette optique que nous allons les mettre en place – favorisent d'abord l'épanouissement de l'enfant. S'il n'apprend pas ce qui est bon et juste pour lui, s'il ne bénéficie pas d'indications claires, fiables et stables, un petit d'homme aura bien du mal à se construire sereinement. Les balises ne sont-elles pas, finalement, des cadeaux ?

Lorsque nous faisons preuve d'autorité, gardons à l'esprit que c'est pour le bien de l'enfant, pour qu'il grandisse, apprenne, mûrisse sereinement. Cela nous paraît d'une évidence confondante dès lors qu'il s'agit de préserver sa sécurité et lui éviter les dangers. Non, on ne joue pas avec un fer à repasser. Et oui, on attend que le feu soit vert pour traverser. Le contraire est dangereux et c'est parce que nous sommes convaincus que nous sommes inflexibles.

Or, nous devrions être tout aussi certains du sens et de la valeur de nos demandes lorsqu'elles nous semblent *a priori* moins évidentes. Les règles et les limites permettent à l'enfant, et c'est aussi primordial que d'assurer son intégrité physique, de s'épanouir et se construire psychiquement.

Un parent éducateur

L'enfant est... un enfant. Il est important de le rappeler pour mettre un terme à tous nos « Je te l'ai déjà dit ! » et autre « Mais, enfin, tu le sais tout de même... » Non, il ne sait pas (encore) ce qui est bon pour lui. Il n'a pas enregistré toutes les informations nécessaires à son développement, intime et social. L'être humain ne peut connaître que ce qu'il a pu expérimenter. Nous sommes l'adulte. Et nous possédons l'information que tel comportement est problématique, voire dangereux. Lui, non. Notre rôle est donc de transmettre l'information. Inutile que l'enfant joue avec le fer à repasser pour savoir qu'en effet, il brûle, et qu'il vaut mieux, à l'avenir, éviter de le toucher...

FAVORISER UN SENTIMENT DE SÉCURITÉ

Un parent cohérent et sûr de lui est un parent sur lequel s'appuyer. Or, l'enfant a besoin d'avoir confiance en son entourage pour être en mesure de développer sa propre confiance en lui. Si les repères sont flous, contradictoires ou s'ils n'existent pas, sur quoi l'enfant peut-il se fier pour avancer sereinement dans la vie ? Sans cadre défini, sans limites, l'enfant continue de les chercher. Il va de plus en plus loin pensant qu'un jour, peut-être, il les trouvera.

Et il risque fort de les trouver, à l'école par exemple, premier lieu de socialisation où les règles seront certainement plus strictes qu'à la maison. La chute pourrait bien être difficile, voire douloureuse... Dommage si l'on pense que cette étape peut être franchie avec sérénité, dès lors que nous habituons peu à peu l'enfant à intégrer les limites et l'accompagnons en douceur dans sa compréhension du monde, des autres, de lui-même.

Un parent qui n'ose pas faire preuve d'autorité, parce que c'est trop compliqué, trop douloureux, n'est pas un tuteur sûr pour l'enfant. Regardons les plantes : ne prennent-elles pas appui sur un morceau de bois ? Grandiraient-elles avec autant de sécurité autour d'une ficelle ? L'enfant ressemble à la plante qui puise ses forces dans le morceau de bois pour mieux s'épanouir vers le soleil.

CANALISER LA TOUTE-PUISSANCE

Le tout-petit, en proie à un sentiment de toute-puissance, vit selon un principe dit « de plaisir ». En résumé, il fait ce qui lui plaît ! Du moins, il aimerait bien. Est-ce à dire que les contraintes étouffent sa personnalité ? Bien au contraire ! L'enfant a besoin de se heurter à la réalité pour reconnaître ses fragilités comme ses talents, pour prendre conscience de ses aptitudes réelles. Il est important pour lui de rencontrer ses limites (physiques par exemple), celles de son entourage (la patience de ses parents, la tolérance de la maîtresse), celles de son environnement (le temps, l'espace, la matière). C'est ainsi qu'il apprend à connaître, à comprendre.

Quid si rien ne canalise le sentiment de toute-puissance et le principe de plaisir ? Certains parents disent qu'alors l'enfant se transforme en enfant-roi et fait de la vie de son entourage un enfer. Si nous pensons ainsi, nous commettons une erreur : l'enfant ne devient pas un tyran parce qu'il en a envie.

C'est parce qu'il manque de repères, de limites, il manque de réalité sur laquelle fonder sa sécurité et son identité, qu'il peut adopter certains comportements effectivement tyranniques. Mais tyranniques envers lui-même surtout...

Notre rôle de parents est d'accompagner l'enfant dans cette découverte de la réalité, faite de plaisirs et de... limites à ces plaisirs. Il s'agit de lui apprendre que les contraintes existent oui, mais qu'elles ne sont pas des entraves insurmontables. Il a besoin de nous pour s'habituer, peu à peu, à son rythme et doucement, au principe dit « de réalité ».

Le sentiment de toute-puissance

Vers l'âge de 2 ou 3 ans, l'enfant passe par une étape nécessaire mais délicate de son développement. Il imagine qu'il est en capacité de pouvoir tout : tout faire, tout dire, tout exiger de lui-même comme de son environnement. Loin de « faire un caprice », l'enfant croit véritablement à sa toute-puissance, une puissance absolue. Il n'a pas encore les moyens de comprendre pourquoi son pouvoir, qu'il estime sans limites, est, en réalité, de fait, limité.

SUPPORTER LA FRUSTRATION

Voilà ce qui angoisse et désespère nombre d'entre nous : la fameuse frustration, ce sentiment douloureux qu'endure l'enfant lorsqu'on lui dit non. Une énième figurine lui est refusée et il tape, hurle, se roule par terre. Il faut se mettre à table et il crie à l'injustice et à la haute trahison. Nous, parents, sommes dépités, abasourdis quand nous ne sommes pas sérieusement en colère. Nous aimerions qu'il ne se mette pas dans un état pareil pour un vulgaire personnage en plastique. Et ne comprenons pas pour-

quoi il prend si mal de venir dîner.
Inutile d'essayer de nous rassurer en nous disant qu'il ne souffre « pas tant que ça ». L'enfant frustré souffre vraiment. Il est en proie à un mélange de colère et d'incompréhension qu'il ne sait pas maîtriser. Cela dit, ne projetons pas non plus nos angoisses d'adulte sur sa douleur de petit enfant. Son monde à lui ne s'arrête pas de tourner. Il ne ressasse jamais comme l'adulte, en proie aux doutes pendant des heures, voire des semaines. Regardons d'ailleurs comme il se remet toujours d'un caprice.

Il nous revient à nous, parents, d'accompagner ces situations. De saupoudrer un peu – mais assez – de restrictions chaque jour pour que l'enfant puisse un jour dire : « La frustration ? Même pas peur ! Même pas mal ! »

S'HABITUER AUX CONTRAINTES EXTÉRIEURES

Personne n'aime les contraintes, ni lui, ni nous. Avec le temps, nous avons appris à composer avec. Et savons que notre liberté s'arrête, en principe, là où commence celle des autres. Lui est en train d'apprendre. Et il a besoin de nous pour parfaire son apprentissage.

En fixant peu à peu les limites, nous lui donnons les moyens de survivre aux contraintes

Faut-il frustrer son enfant ?

S'il nous faut comprendre l'importance de la frustration dans le développement de l'enfant, il n'est pas opportun d'être plus royaliste que le roi et de frustrer sciemment l'enfant pour qu'il apprenne plus vite ! Les occasions sont déjà assez nombreuses au quotidien. La frustration est une émotion naturelle et utile. Mais inutile d'en rajouter. Le sentiment de toute-puissance se canalise au fur et à mesure des expériences de l'enfant s'il est bien accompagné dans cette étrange aventure.

qu'il rencontrera nécessairement dans sa vie d'adulte. L'autoriser à vivre sans tenir compte de son environnement, ce n'est pas favoriser son adaptation à la société qui est la nôtre. L'enfant n'est pas venu au monde pour rester bien au chaud au sein du cocon familial, prolongement du ventre maternel. Un jour, il tombera amoureux, il travaillera, il fera du sport ou de la musique, et puis il connaîtra des échecs, aura une grippe, ne sera pas le premier, le meilleur. Préparons-le aux succès comme aux revers.

Sans obéissance, nulle désobéissance

Avouons qu'il y a parfois un petit plaisir à enfreindre la loi... Eh bien, si nous n'imposons pas de règles, nous privons l'enfant de cette joie qu'est la désobéissance. Cela peut sembler paradoxal mais nous favorisons, en donnant les bons repères, l'esprit d'initiative, le désir d'indépendance, qui permettra au petit d'accéder à l'autonomie. S'il ne connaît pas les limites, il aura peur d'avancer. S'il les intériorise, il fera un pas de plus.

COMPRENDRE LE MONDE

En pleine construction intime, l'enfant cherche à se comprendre comme à comprendre le monde qui l'entoure. Or, le fonctionnement de ce dernier n'est pas facile pour un tout-petit ! Les règles de politesse, par exemple, ne font pas partie de son patrimoine génétique. Le savoir-vivre, le savoir-être parmi les autres, s'apprennent et se transmettent. Une fois intériorisés, ils permettent à l'enfant de se sentir bien avec ses pairs, son entourage, celui que l'on appelle le « groupe ». En donnant clairement à l'enfant le mode d'emploi d'une société, nous favorisons son sentiment d'appartenance, sentiment dont il a besoin pour se sentir bien parmi les autres, et ce dès le plus jeune âge. Bientôt, par exemple, il sera invité à l'anniversaire d'un petit copain. Comment va-t-il réagir en prenant conscience de ses lacunes, en s'apercevant, par exemple, qu'il ne maîtrise pas ces fameuses règles de politesse ? Loin de nous l'idée de formater les enfants ! Mais convenons de leur donner les moyens de se comprendre et de vivre ensemble au-delà de leurs différences.

ÊTRE BIEN DANS SA PEAU

Nous ne pouvons pas attendre de l'enfant qu'il accueille nos interdits et nos demandes à bras ouverts. Mais s'il perçoit de la conviction chez son parent, il lui fera confiance. Il ne comprendra peut-être pas tout, tout de suite, mais quelque part au fond de lui, il saura que les limites ne sont pas mises « exprès pour l'embêter ». Mais qu'elles sont là pour l'aider à grandir et développer tous ses talents.

Un enfant qui sait où il va, où il peut aller et où il est dangereux d'aller, un enfant qui sait aussi que nous sommes là, est un enfant heureux. Bien sûr, il va poursuivre ses expérimentations, tenter, tester. Mais en lui donnant les bons repères, qui sont loin d'être des murs infranchissables et aliénants, nous lui offrons la possibilité de s'épanouir, d'être bien dans sa peau d'enfant. Et de futur adulte.

FOCUS

- C'est à l'enfant que le parent pense lorsqu'il fait une demande.
- Les règles assurent à l'enfant une sécurité physique et psychique.
- Les limites l'incitent à mieux se connaître et partir à sa propre découverte.
- Les repères lui permettent de comprendre ce qui l'entoure, ils donnent du sens à l'existence.

Pourquoi il n'obéit pas ?

Tous, nous nous sommes demandé un jour : « Mais pourquoi diable refuse-t-il de sortir du bain / ranger ses chaussures / dire merci à la dame ? Qu'est-ce qu'il a, à la fin ? » Il a... qu'il a une bonne raison pour ne pas faire ce qu'on lui demande ou le remettre à plus tard. Toujours.

PAR NATURE, OBÉISSANT...

Nous avons parfois tendance à l'oublier mais la nature-même de l'enfant l'incite à obéir spontanément. Celui-ci est toujours tenté de satisfaire le désir de son parent. Pour une bonne et simple raison, obtenir en retour reconnaissance, valorisation et... amour. Le petit d'homme reste, à la naissance et jusque relativement tard, très immature. Il est dans une totale dépendance et a besoin de son entourage pour survivre. Ce qui le conduit naturellement à s'assurer les bons et loyaux services de ses proches pour que ceux-ci s'occupent de lui.

Un nouveau-né qui pleure ne fait pas un caprice. Il a besoin de nous parce qu'il a un problème : faim, soif, couche sale, mal au ventre ou encore inquiétude, besoin d'un câlin, etc. Il ne nous viendrait jamais à l'esprit de dire qu'un bébé désobéit...

... ET NATURELLEMENT DÉSOBÉISSANT

Évidemment, au fil du temps, la situation évolue. L'enfant grandit et nous nous disons qu'il est désormais en âge de comprendre. C'est là notre erreur : il n'a pas encore intégré les notions de contraintes extérieures (le temps, l'argent, etc.) et ne sait pas bien comment gérer ses émotions. Lorsqu'un petit de 4 ans pique une crise pour obtenir un délai ou un jouet, ce n'est pas qu'il se fiche de nous. C'est qu'il pense véritablement qu'il en a *besoin*.

La désobéissance est toujours l'expression d'un besoin contrarié. Quelque chose ne va pas. Et l'enfant cherche une issue à son problème, un problème qui peut être conscient, dont il peut parler, ou non-conscient, comme une sensation de peur, de tristesse, de colère. L'opposition est, pour l'enfant, constructive. Ce n'est que dans de très rares cas qu'elle vise la destruction (des relations, de l'environnement ou de lui-même). Il s'agit donc de ne pas interpréter systématiquement ses petites ou grandes rébellions comme une volonté de saboter tout ce qui l'entoure, ses parents en premier lieu. Un enfant n'est pas maléfique. Il a toujours un but, même s'il reste obscur aux adultes et bien souvent à lui-même.

IL NE CONNAÎT PAS, NE COMPREND PAS LA RÈGLE

Notre enfant n'est pas un adulte. Certaines choses nous paraissent évidentes quand elles lui restent étrangères. Pourquoi déjeuner à midi et pas à 15 h par exemple ? L'enfant ne connaît pas l'heure et n'a faim qu'au dernier moment. Il n'anticipe pas la préparation des repas. Bien sûr, il apprend vite. Mais il reste en phase d'apprentissage. Et peut désobéir simplement parce qu'il n'a pas intégré la règle, l'habitude. Il ne sait pas, ne comprend pas ce qu'on lui demande.

C'est flagrant à l'école : un enfant en maternelle fait souvent des erreurs et entoure ce qui doit être barré simplement parce qu'il n'a pas compris la consigne. Il en va de même avec ce qui nous paraît évident à la maison mais qui ne l'est pas pour lui. Laissons-lui le temps d'apprendre, de comprendre pour ensuite exécuter.

Ce qu'il ne comprend pas non plus, c'est la raison pour laquelle nous lui opposons parfois un refus – quand, d'autres fois, ça marche ! Imaginons un enfant qui déambule, et s'ennuie ferme, le long de ces allées extraordinaires du supermarché. Tout à coup, il aperçoit son paquet de bonbons préférés. Il jette un œil au caddie et constate que nous l'avons rempli de victuailles diverses et variées. Comment peut-il comprendre notre refus d'y ajouter un tout petit paquet ? Pourquoi a-t-il eu droit aux bonbons la semaine dernière et pas aujourd'hui ? Pour lui, tout ça n'a pas de sens.

Pensons toujours à expliquer, communiquer, reformuler. Nous répéter, en somme. Ce n'est pas parce que nous aurons expliqué une fois que la règle sera acquise et suivie pour de bon. Évitons à l'avenir le culpabilisant « Tu le sais quand même, je te l'ai dit cent fois ! » Parce que non il ne sait pas, ou alors il ne sait plus, il a oublié. Mieux vaut reprendre l'explication à zéro, sans se fâcher ni se moquer. Et agir en lui montrant l'exemple.

Entend-il correctement ?

Les enfants font très bien la sourde oreille. Plongés dans leur univers, absorbés par un jeu, une histoire, ils n'entendent pas notre demande. Mais parfois ils ont un réel trouble auditif. Or, s'il n'entend pas, il ne comprend pas et n'obéit pas. Quels signes doivent nous mettre la puce à l'oreille avant qu'il entre à l'école ? L'enfant ne réagit pas à notre voix s'il ne nous voit pas, il nous fait souvent répéter nos propos, il a un retard de langage, il multiplie les otites et/ou les rhinopharyngites. Si l'un ou l'autre de ces signes est manifeste, il est important de consulter un spécialiste en vue d'un dépistage.

IL EST TROP OCCUPÉ

C'est l'une des grandes causes de son indiscipline. Absorbé par les fabuleuses aventures que vivent ses figurines ou sa poupée, il ou elle ne peut absolument pas mener à bien la mission que nous lui avons confiée, à savoir ranger ses feutres.

Notre enfant vit dans un monde à part, celui de l'innocence, du rêve, du jeu. Nous sommes, nous, dans le monde réel, celui des responsabilités et des impératifs. Il est parfaitement normal que ces deux univers ne coïncident pas toujours ou pas tout à fait. Notre moment à nous n'est simplement pas son moment à lui, ce qui peut se comprendre après tout.

Nous verrons qu'il est parfois préférable de patienter un peu lorsque le contexte s'y prête. Dans la mesure où son attitude récalcitrante n'est pas systématique et/ou la situation problématique. Si notre moment à nous n'est jamais son moment à lui, mieux vaut alors s'interroger et changer de tactique. Parce qu'il aura toujours mille choses à faire bien plus intéressantes que ranger des feutres. En outre, il ne voit absolument pas où est ce problème avec les feutres, où est notre problème – car c'est bien à nous que cela pose problème, non ? Son désir est plus fort que le nôtre, plus fort parfois que les sanctions qu'il encourt. Il lui est très difficile de le mettre de côté pour exaucer notre désir à nous. Bien sûr, nous pouvons faire revenir notre enfant à la réalité en lui arrachant figurines et poupée des mains et en lui mettant les feutres sous le nez. Mais il existe des méthodes plus efficaces. Et moins brutales. Nous pouvons l'aider à « décrocher » tout en restant ferme. Au menu, habileté et assurance.

IL TENTE DES EXPÉRIENCES

Désobéir à ses parents, c'est faire un pas sur le chemin de l'autonomie. L'enfant tente des expériences, teste ses limites, celles des autres, celles de son environnement. Une petite fille par exemple qui grimpe sur un arbre alors que cela lui est interdit veut non seulement tester sa capacité à escalader mais aussi sa possibilité de déplaire à ses parents. Vont-ils être fiers ? La gronder ?

Encore une fois, l'enfant apprend, il tente de se connaître mieux, de comprendre les autres, le monde. Il prend pour cela certaines initiatives. Il a véritablement besoin de ces expérimentations grandeur nature pour se développer. S'il tente parfois de franchir la ligne, c'est aussi pour faire comme les copains. Il confronte ses capacités aux leurs, d'où l'indémodable « T'es cap ? » Là encore, c'est dans l'optique de mieux s'évaluer, s'estimer et c'est très bon pour sa santé !

Inutile donc de lui sauter dessus à la moindre incartade. Lorsque les expériences ne sont pas dangereuses, mieux vaut les accompagner que les sanctionner. Si les limites sont franchies et qu'il en va de la sécurité de notre enfant, n'oublions pas : les suites que nous choisirons de donner à son mauvais comportement ne peuvent se passer d'une explication préalable ou d'un « rappel à la loi » autrement appelé « redéfinition de la consigne ».

Le non des tout-petits

« On va chez Mamie ? » Non. « Tu as faim ? » Non. « Tu veux lire un livre ? » Non. Quelle que soit notre question, la réponse est un refus catégorique. Qu'est-ce qui lui prend ? D'abord, il dit comme nous ! « Non, ne touche pas à la prise. Non, je n'ai plus de bonbon. » Mais surtout, il a 18 mois et est en pleine phase d'opposition. Ce non est un mot formidable et bien pratique qui lui permet à lui aussi et malgré la faiblesse de son vocabulaire d'exprimer ses désirs. Alors laissons-le dire non à sa guise parce que cette première opposition est structurante pour lui. Et puis, avouons-le : il dit non mais bien souvent obtempère… En vrai, il veut aller chez sa mamie, il meurt de faim et lirait bien un livre.

IL EST CONTRARIÉ

On aimerait qu'il soit toujours gai, de bonne humeur, épanoui et évidemment en pleine forme. C'est oublier que l'enfant a, comme nous, des états d'âme. Il connaît lui aussi des moments de fatigue, de stress, il a des ennuis à l'école ou avec un camarade, il a mal dormi, a peur, a mal au ventre, il est triste ou il est en colère... Bref, il n'est pas bien.

Et dans ces moments-là, évidemment, il n'a aucune envie de nous obéir. Comme nous n'avons que moyennement envie de nous soumettre aux *desiderata* de notre patron, conjoint, mère lorsque nous ne sommes pas en forme. Dans ces cas-là, il n'y a rien à tirer de nous. Idem pour lui.

La vie d'un enfant n'est pas un long fleuve tranquille et les occasions pour lui de se trouver contrarié sont légion. Il se pose des tas de questions, ressent de drôle de choses à l'intérieur... Malheureusement, ce n'est pas en lui demandant ce qui ne va pas que nous trouverons la solution. Il est trop difficile pour lui d'exprimer ses sentiments, d'expliquer le pourquoi du comment.

Mais essayons de reconnaître ces moments particuliers de tension chez notre enfant. Au besoin et si cela est possible, remettons à plus tard nos impératifs. De même, sachons

Ces bobos qui viennent de l'intérieur...

Lorsque notre enfant tombe, se blesse, a de la température, quand il a mal au ventre ou à la tête, nous savons instinctivement où se situe notre priorité : nous prenons le temps de le soigner pour qu'il aille mieux. Parfois ses plaies sont des plaies de l'âme. Il faudrait apprendre à les reconnaître comme telles et en prendre soin. Pour, elles aussi, les panser.

faire preuve d'indulgence lorsqu'un évènement particulier déstabilise le bambin : un déménagement, l'entrée au CP, un changement de nounou, d'école, l'arrivée d'un petit frère, une maladie ou un décès dans la famille, une séparation, une période de chômage, etc. Certaines situations sont difficiles, voire douloureuses à vivre. L'obéissance est alors secondaire. Et ce n'est pas parce que l'enfant est soudainement réfractaire que toute l'éducation est à refaire.

IL FAIT SON « INTÉRESSANT »

Ultime explication à ses refus d'obtempérer : notre enfant cherche à attirer notre attention. Il trouve dans la désobéissance l'occasion d'exister à nos yeux. Au moins, quand il fait une bêtise, nous nous occupons de lui. C'est le moyen qu'il a trouvé pour nouer un lien affectif dont il semble manquer.

Ainsi, un enfant qui refuse de ranger sa chambre peut faire preuve d'une fainéantise notoire. Et compter sur nous pour effectuer la corvée. Mais derrière l'apparent veto peut se cacher l'espoir de, simplement, passer un peu de temps avec nous.

L'enfant peut aussi chercher à nous soulager de nos propres difficultés. S'il nous voit très angoissé, par exemple, pour des problèmes conjugaux ou professionnels, il peut inconsciemment vouloir nous changer les idées. Il ne se rend absolument pas compte qu'il contribue ainsi un peu plus à nos soucis. Dans sa tête, il veut toujours « bien faire »...

Soyons attentifs aux pitreries très appuyées, aux grandes effusions, aux successions de bêtises, tout ce qui nous paraît étrangement excessif de la part de notre enfant. Regardons-le et quelles que soient les circonstances, essayons toujours de déterminer ce que cache son opposition. Réfléchissons à ses motivations : qu'est-ce qu'il cherche ? De quoi a-t-il besoin ? Comment va-t-il ? A-t-il bien compris ou entendu ? Est-il fatigué ? Fait-il « comme les copains » ? Cette petite mise au point préalable nous aidera à adopter l'attitude adéquate.

ET SI LE PROBLÈME VENAIT... DE NOUS ?

Ultime bonne raison à sa désobéissance : nous-mêmes ! Le fait qu'il n'écoute pas n'a peut-être rien à voir avec lui. Il se peut que le problème vienne de nous. Parce que nous n'avons pas [encore] le mode d'emploi, parce que nous nous laissons envahir par nos émotions, parce que nous ne savons pas dans quelle direction aller, parce que nous voulons trop bien faire... Nous avons, nous aussi, nos bonnes raisons !

Notre comportement, en tout état de cause, ne favorise pas le penchant naturel de notre enfant pour l'obéissance. L'heureuse nouvelle est que de bons outils existent pour parvenir à ses objectifs et se faire entendre. Une méthode a fait ses preuves : il s'agit de motiver l'enfant à suivre le conseil ou la consigne plutôt que le contraindre à respecter un ordre. Une méthode qui a le mérite de nous épargner des conflits inutiles et de bien désagréables rapports de forces.

FOCUS

- L'opposition a toujours un sens et vise un objectif pour l'enfant.
- Il ne réagit pas *contre* son parent mais *pour* lui.
- S'interroger sur les raisons qui le poussent à dire non permet d'adopter la bonne posture.

Comment se repositionner ?

Si l'enfant désobéit, c'est peut-être que nous ne sommes pas (encore) très cohérents. Ni avec lui, ni avec nous, ni même avec ce que nous attendons. Il est temps de nous mettre au clair et nous repositionner. Pour nous positionner devant l'enfant plus convenablement.

SORTIR DU FORMALISME

Une chose est sûre : il n'y a pas d'éducation exemplaire. Les règles de vie ne sont pas universelles. En fonction de notre enfance, notre histoire, selon nos valeurs et nos croyances, nos repères et nos références, nous définissons nos propres limites. Et par extension, celles de notre enfant. C'est donc à chaque adulte de déterminer ses propres règles, ce qu'il attend de son enfant, ce qu'il est en mesure de tolérer ou ce qu'il n'acceptera pas, ce qui est négociable et ce qui ne l'est pas, ce qui est essentiel et ce qui est secondaire.

Prenons l'exemple d'un enfant qui grimpe très haut dans un arbre. Un parent de nature anxieuse fixera la limite à un mètre du sol quand un autre, dont le goût pour l'aventure et le risque est manifeste, encouragera l'esprit d'initiative du petit grimpeur. Le premier n'est nullement meilleur parent que le second. Et inversement. Ils ont chacun une vision de la vie et des priorités différentes.

Il n'y a pas de règle en la matière. Il n'y a pas de parent parfait – comme il n'y a pas d'enfant parfait... Le « meilleur » parent est celui qui se connaît et assume qui il est, ses talents comme ses fragilités ; c'est celui qui fait de son mieux. Chacun a son credo, ses qualités et ses fêlures.

DÉFINIR SON OBÉISSANCE

Nous n'avons pas à calquer notre parentalité sur celle du voisin, ni à nous conformer aux éventuels standards pédagogiques en vigueur aujourd'hui – mais probablement désuets dès demain. Nous avons en revanche besoin de comprendre qui nous sommes et ce que nous voulons transmettre. Raison pour laquelle il convient de s'interroger sur soi en tant que parent avant de se préoccuper de savoir si l'enfant obéit ou pas et à quoi il devrait obéir désormais :

- **Quel parents sommes-nous ?** Une maman gâteau ? Un pater familias ?

- **Quelle éducation** avons-nous reçue ?

- **Avons-nous souffert** d'une grande exigence, d'un certain autoritarisme ? Au contraire, avons-nous manqué de repères ? Sommes-nous très contents de notre « héritage » ?

- **Quel est notre nature,** notre tempérament ? Sommes-nous inquiets ? impatients ? autonomes ? conformistes ? autoritaires ? timides ?

- **À quelles valeurs accordons-nous le plus d'importance ?** Le partage, la communication, le respect, la bienveillance, l'empathie, l'ordre, la tolérance ?

- **Qu'avons-nous du mal à supporter ?** Le conflit, la distance, l'impertinence, les carcans ?

Ces interrogations nous permettront de nous repositionner. Au même titre que l'éducation doit être adaptée à l'enfant, à son âge, son tempérament, ses capacités, etc. elle doit nous être adaptée. L'obéissance est fonction du projet parental, des valeurs, du seuil de tolérance et de la personnalité du parent. L'objectif est que petits et grands se comprennent et adoptent le même mode de vie – quitte à ce que l'enfant devenu adulte fasse tout le contraire !

IDENTIFIER SES PRIORITÉS

Si nous attendons de notre enfant qu'il se plie aux règles de politesse, par exemple, mais restons persuadés en notre for intérieur que celles-ci sont désuètes ou élitistes, ne nous leurrons pas : notre enfant le pensera aussi. Interrogeons-nous : quelles valeurs souhaitons-nous transmettre ? À quelles règles voulons-nous que notre enfant obéisse ? Au besoin, dressons la liste de nos impératifs, qui ne sont pas nécessairement ceux de la société, encore moins ceux de notre sœur, père, collègue, amie.

Tout sauf Papa, bien comme Maman ?

Nous ne sommes pas totalement neutres s'agissant d'éducation. Car nous aussi en avons eu une. Et, sans en avoir véritablement conscience, nous sommes influencés par notre propre expérience d'enfant. De deux choses l'une. Soit nous avons eu une enfance heureuse et des parents formidables ; auquel cas nous éduquons notre enfant en copiant le modèle parental. Soit nous avons souffert de tel ou tel comportement, et l'important pour nous est de ne pas répéter les mêmes erreurs ; auquel cas nous faisons tout le contraire de nos parents.

Modèle ? Contre-modèle ? Où en sommes-nous ? Personne ne choisit tout à fait librement quel type de parent il sera. La mémoire joue son rôle et incite à aller d'un côté. Ou de l'autre. Avec plusieurs variantes entre les deux pôles.

Nous n'avons pas à justifier de nos convictions personnelles. Le code de conduite doit être conforme à nos valeurs pour qu'il soit adopté par la nouvelle génération. Si nous sommes informaticiens, par exemple, il n'est sans doute pas pertinent d'interdire à l'enfant l'accès à l'ordinateur. Si notre conjoint est un maniaque de la propreté, nous pouvons peut-être insister pour que notre fils, notre fille, ôte et range ses chaussures en rentrant. Il s'agit de définir ce qui est réellement important pour nous – et non pour la société ou le voisin.

CHERCHER LA COHÉRENCE

Autre impératif, la cohérence. Si nous omettons de lui dire s'il te plaît lorsque nous lui demandons de nous passer le sel, impossible d'exiger de l'enfant qu'il n'oublie pas la formule magique quand arrive son tour de solliciter le poivre. Les jeunes gens ne sont évidemment pas des perroquets dénués de cervelle. Mais c'est dans l'imitation qu'ils apprennent et se construisent. C'est en nous voyant faire qu'ils font.

Interrogeons-nous à nouveau. Donnons-nous l'exemple ? Où y a-t-il une incohérence entre ce que nous demandons à l'enfant et ce que nous-mêmes faisons ? Le meilleur exemple est celui des gros mots. Bien des parents se permettent quelques écarts mais s'offusquent à la première vulgarité de leur chérubin. Seulement, il n'y a pas de fumée sans feu…

PARLER D'UNE SEULE VOIX

S'agissant de cohérence, il convient aussi d'évoquer celle qui concerne les parents. Là encore, c'est un grand classique : Maman interdit la télévision pendant le repas, Papa l'autorise. Nous venons de déclarer l'extinction des feux à 20 h et notre conjoint hausse les épaules « Allez, encore cinq minutes ».

Il est parfaitement normal, banal et humain de ne pas toujours être au diapason avec l'autre parent. Chacun a son histoire, possède sa personnalité, chacun a ses atouts, ses fragilités, ses peurs aussi, ses références. Si notre définition de l'obéissance diffère de celle du voisin, elle n'est pas exactement semblable à celle du conjoint. Les points de vue peuvent être différents. Et les priorités aussi !

Que faire si nous ne sommes pas sur la même longueur d'ondes ? Quelques réglages ! Interrogeons le papa, la maman et écoutons ses impressions, parlons des nôtres, échangeons, discutons, et même... négocions. Faire des compromis sans se compromettre est à la portée de tous. Pour être suivies, les règles de la maison doivent être communes, même en cas de séparation.

Surtout, il convient de régler ses histoires d'adultes... entre adultes. Idéalement, mieux vaut parler d'une seule voix devant l'enfant lorsqu'une demande lui est faite. Les éventuelles mises au point sont à effectuer en son absence, derrière son dos. L'enfant est inévitablement perturbé par les conflits des adultes, surtout s'il perçoit qu'il en est l'une des composantes.

Le langage du corps

Nous demandons avec des mots et... avec notre corps. Si nous exigeons de notre enfant qu'il sorte immédiatement du bain mais rions en même temps de ses gaudrioles dans l'eau, il y a peu de chances qu'il obéisse. Un message verbal, pour être crédible, doit être conforté par un regard, le ton de la voix, une posture, etc. qui vont dans le même sens. L'enfant ne peut pas comprendre une demande si elle contient deux messages contradictoires.

NE PAS CULPABILISER

Faire preuve d'autorité, c'est, avouons-le, demander à l'enfant de faire ce qu'il n'a pas du tout envie de faire. Non seulement c'est fort désagréable sur le moment mais en plus, c'est très risqué : nous sommes nombreux à craindre de frustrer l'enfant et perdre son amour. Alors certains, pour faire passer la pilule, justifient ou négocient la moindre consigne. Quand ils ne baissent pas les bras. Si nous avons peur de ce que nous nommons la contrainte, c'est peut-être parce qu'elle s'avère contraignante... pour nous. Il convient alors de jeter un œil aux raisons qui nous ont fait redouter l'autorité, à ces croyances venues de loin qui nous ont empêchés de formuler des demandes pourtant légitimes.

Essayons de gérer notre peur puisqu'elle ne concerne pas l'enfant. Nous ne pouvons pas l'élever sans lui donner de repères, sans lui expliquer ce qui est bon pour lui et ce qui ne l'est pas. Pourquoi ne pas mieux assumer ce rôle ?

ADAPTER LES APPRENTISSAGES

Les règles doivent toujours être adaptées à l'enfant. On ne demande pas la même chose à l'un ou à l'autre, quand bien même ils seraient jumeaux ! D'abord, ils n'ont pas le même rythme d'apprentissage. Ils n'ont pas le même caractère non plus : l'un peut être très fusionnel et plus enclin à entendre la parole de l'adulte ; l'autre davantage indépendant. Leur nature est différente : l'un est très ordonné, l'autre tête-en-l'air. Enfin, ils n'ont pas la même place dans la famille, n'y jouent pas le

La technique des petits pas

C'est une méthode universelle. Du *kaizen* japonais aux *small steps* américains, il s'agit de procéder par étapes. On se fixe un objectif raisonnable et on avance en faisant de petits pas. L'idée est d'installer la confiance dont on a besoin pour aller plus loin. Il en va de même pour l'éducation. Tout apprentissage doit être progressif, il faut donner confiance à l'enfant, l'assurer de ses capacités pour qu'il ose avancer. Il n'est pas ingénieux de lui intimer l'ordre de s'habiller tout seul à 6 ans si on lui a appris à retirer ses chaussettes à 2 ans...

même rôle : un aîné ressent peut-être davantage de pression qu'un petit dernier ; mais le petit dernier se dit-il étouffé ? Essayons toujours de nous adapter et d'adapter les apprentissages autant que les corvées. Si notre fils a du mal à se repérer dans l'espace, inutile d'insister pour qu'il range parfaitement son placard. Si notre fille aime la nature, pourquoi ne pas lui demander de ratisser les feuilles du jardin ou d'arroser les plantes ?

Même si nous le connaissons par cœur, essayons de regarder notre enfant avec un œil neuf. Quel est son caractère ? Réservé ou expansif ? Quels sont ses goûts ? Quels sont ses talents, ses points faibles, ses capacités ? Quelle est sa singularité ? Tout le monde en fait l'expérience : il y a des choses qui marchent avec l'un et pas avec l'autre. Une façon de faire, une parole, un geste ou une ambiance, un contexte fait écho chez l'un mais laisse l'autre sans réaction.

Pour mieux connaître le fonctionnement de notre enfant, pour mieux répondre à ses besoins et adapter nos demandes, observons-le. Regardons-le grandir aussi, évoluer, changer. Gardons-nous de tout jugement hâtif et définitif : « Il ne dit pas bonjour parce qu'il est timide ! » Non, il a simplement besoin, peut-être, de connaître la personne à qui il dit bonjour et de se sentir en confiance. À nous de nous en souvenir lorsque nous lui demanderons de saluer l'épicier...

ÊTRE PRÉSENT

Pour être écouté et entendu, il faut être disponible. L'obéissance ne peut se passer d'une vraie présence. Malheureusement, la société actuelle ne nous facilite pas la tâche. Partagés entre nos vies personnelle, conjugale, familiale, professionnelle et sociale, nous manquons parfois de temps pour élever nos enfants. Cela dit, mieux vaut du temps de qualité que du temps en quantité – ce qui ne doit pas être une excuse pour nous désengager...

Si nous sommes très pris à l'extérieur, essayons de nous rendre totalement disponible un petit quart d'heure le matin ou le soir, quitte à nous lever plus tôt ou le coucher plus tard. Le week-end, ne cherchons pas à multiplier les activités sportives ou culturelles : rester tranquillement à la maison est parfois plus propice aux échanges et aux confidences qu'une sortie au cinéma. C'est la complicité qu'il nous appartient de favoriser, la confiance que nous devons susciter. Elles sont les meilleurs antidotes à l'opposition.

FOCUS

- La cohérence avec soi-même, avec l'autre parent et avec l'enfant est primordiale.
- C'est la règle qui s'adapte et non l'enfant, le parent ou la situation.
- « Perdre du temps » avec un enfant, c'est, en réalité, en gagner.

Pourquoi punir ne sert à rien ?

Certains de nos réflexes ont la vie dure. Mais menacer, punir ou hurler n'a jamais fait grandir qui que ce soit. Pas même nous… Ces habitudes socioculturelles en matière d'éducation ne marchent pas. Autant en changer, non ?

MENACER EST VAIN

Nous sommes encore nombreux à croire aux vertus de la très ancienne formule « Attention ! À trois, c'est la fessée ! Un, deux… » Avouons que celle-ci n'est pas totalement inefficace puisque, parfois, celui ou celle qui manquait jusque-là de bonne volonté s'empresse tout à coup d'obtempérer ! Cela dit, l'enfant aura tôt fait de comprendre que nous mettons rarement nos menaces à exécution. Et en déduira que nous ne sommes pas crédibles, pas fiables. S'il ne peut nous croire lorsque nous le menaçons, comment pourrait-il nous croire quand nous le félicitons, par exemple ?

« Si tu n'obéis pas, je vais me fâcher… » Lorsque nous prévenons l'enfant que nous allons nous « fâcher » ou, plus simplement, qu'il y aura une conséquence à tel ou tel comportement mais qu'il persiste et n'écoute pas, nous n'aurons pas d'autres choix que de mettre notre plan à exécution. En matière d'éducation, « on fait ce qu'on dit ! » Raison pour laquelle il nous faut réfléchir avant de prétendre appeler la police s'il ne range pas immédiatement ses chaussures. Pour qu'il ait confiance en nous, l'enfant doit être assuré de la valeur de notre parole.

Les menaces jouent sur la peur. Or, faire peur à l'enfant pour qu'il obéisse est non seulement absurde et voué à l'échec mais aussi humiliant et parfois même destructeur. Il ne faudrait pas qu'il se mette à nous croire. Que penser d'un parent qui veut nous livrer à la police ? En conclusion, anticipons et prévenons des conséquences qu'auront ses actes. Mais évitons de menacer en l'air.

PUNIR N'EST PAS PÉDAGOGIQUE

Cela peut sembler étrange tant « punir » est entré dans nos mœurs. Le mot même est employé pour un oui ou – surtout – pour un non. Mais une punition en tant que telle n'a aucun intérêt pédagogique. Elle n'est pas éducative, n'est pas efficace. Voilà pourquoi.

Nous avons parfois tendance à l'oublier mais nous avons un objectif. En cas d'opposition ou de conflit, de deux choses l'une :

- **Soit notre objectif est de faire cesser le comportement inadéquat de l'enfant.** C'est le cas par exemple lorsqu'il refuse de se mettre à table, s'habiller, sortir du bain, téléphoner à sa grand-mère, aller faire les courses, ranger sa chambre, rendre un service, etc.

- **Soit notre objectif est que le comportement inadéquat ne se reproduise pas.** C'est le cas par exemple quand l'enfant a dit un gros mot, mis les doigts dans la prise, tapé son frère, craché par terre, volé une pièce, etc.

Or, ce n'est pas en faisant faire des lignes à notre enfant que nous lui apprendrons qu'on ne dit pas de gros mots et qu'on ne vole rien à qui que ce soit. Nous comprendrons dans les prochains chapitres que d'autres moyens – bien plus efficaces et tout autant à notre portée – existent pour faire cesser un comportement inadéquat et/ou qu'il ne se reproduise pas. Si l'enfant persiste dans l'opposition, nous devrons bien sûr envisager des conséquences. Mais nous parlerons alors de retirer quelque chose à l'enfant : bénéfice, avantage, bon point, récompense.

Bien sûr, en punissant l'enfant, le parent a l'impression de contrôler la situation et d'être respecté. Mais c'est là un miroir aux alouettes ! Mieux vaut donc adopter des comportements et faire des choix à portée pédagogique. Il ne s'agit pas de punir pour punir comme il ne s'agissait pas d'obéir pour obéir.

La désapprobation du parent doit être constructive, elle doit avoir du sens et viser des bénéfices. L'obéissance n'est que le fruit d'une série d'apprentissages.

Les châtiments ne sont pas seulement corporels...

Que la punition ne soit pas pédagogique est une chose. Mais rappelons-nous surtout qu'elle peut être extrêmement néfaste pour l'enfant. Et réellement s'apparenter à des mauvais traitements. C'est le cas de toutes les punitions qui portent sur :

- les besoins physiologiques de l'enfant (être privé de dessert, aller au lit...)
- ses besoins psychoaffectifs (être privé de câlins, d'histoires le soir, de cadeaux à Noël, d'un goûter d'anniversaire, le sien ou celui d'un copain, de vacances, etc.)
- la sécurité et l'intégrité de l'enfant (jamais de violences, verbales ou physiques, ni d'humiliations comme la douche froide ou le placard).

Tout se permettre parce qu'il est un enfant ?

En cas de conflit, nous prenons sur nous lorsque notre interlocuteur est un adulte. Il ne nous viendrait pas à l'esprit de traiter notre patron d'imbécile ou de gifler notre mère. Mais, bizarrement, nous nous permettons parfois des accès de fureur devant un tout-petit. Que cherchons-nous au fond ? La possibilité de nous défouler ? La sensation d'avoir le pouvoir, le contrôle ? Le sentiment d'avoir gagné ?

CRIER EST INEFFICACE

Une certitude avant de commencer : tout le monde crie. Que celui ou celle qui n'a jamais sérieusement haussé le ton nous jette la première pierre ! Quand la tension monte, on explose, on hurle. Et on s'en veut. Il est humain de sortir de ses gonds. Cela ne sert à rien d'un point de vue strictement pédagogique mais cela arrive. Inutile pourtant de ressasser dans son coin qu'on est décidément une mauvaise mère ou un père incompétent. Si nous avons hurlé, dit des horreurs, trouvons un petit moment pour retourner, une fois le calme retrouvé, vers notre enfant. Nous pourrons d'abord lui présenter nos excuses – c'est bien ce que nous lui demandons lorsque lui-même s'est emporté, non ?

Nous devrons ensuite reparler de la situation et expliquer. Il ne s'agit pas de justifier notre colère mais simplement d'apaiser l'enfant qui ne sait pas quoi en faire et se pose bien des questions. Parlons de nous plutôt que de lui : « Je suis un peu fatigué à cause de mon travail » ou « Je me suis emporté, je n'aurais pas dû. Vois-tu, j'ai encore beaucoup à faire à la maison et tu pourrais me donner un coup de main, qu'en dis-tu ? »

Évidemment, cette explication ne doit pas devenir implicitement une autorisation à exploser au moindre faux pas de notre enfant. Ce n'est pas parce que nous sommes en mesure de revenir vers lui qu'il faut nous permettre de dépasser les bornes. Car alors nos excuses n'auraient plus de valeur pour lui.

S'il est constructif de s'exprimer d'une voix ferme et assurée, il est inutile de hausser le ton – comme il est improductif de répéter cent fois les mêmes choses. Parlons plutôt de changer d'intonation plutôt qu'augmenter les décibels. Hurler, comme menacer, engendre chez l'enfant autant de peur que de culpabilité.

CÉDER À LA VIOLENCE EST DANGEREUX

« Donner une fessée, ce n'est pas battre un enfant. » « J'ai reçu des claques et je n'en suis pas mort. » Certains parents contribuent encore à la banalisation de ces violences du quotidien sans avoir conscience de leurs conséquences. Nous nous permettons culturellement des mots, des gestes pourtant dangereux pour l'intégrité de l'enfant.

Les atteintes physiques (coups, gifles, fessées), verbales (insultes, sarcasmes) et morales (humiliations, privations) sont destructrices. Et lourdes de conséquences dans le développement psychoaffectif et la construction intime de l'enfant. Il convient

Accepter du soutien

Si l'éducation de notre enfant devient trop difficile, si nous nous sentons dépassés, abattus, découragés, si nous ne savons plus quoi faire, il est temps de demander de l'aide. À l'autre parent d'abord qui peut et doit prendre le relais en cas de crise. Mais aussi, selon les situations et le contexte, aux grands-parents, à d'autres adultes (frère, amie, cousin, marraine), aux acteurs de la vie scolaire. Si nous sommes dans une impasse, consulter un thérapeute peut aussi nous aider, nous et notre enfant, à aller mieux. Ne nous privons jamais d'un soutien nécessaire.

de le rappeler malgré l'indulgence de notre société. Nous nous trouvons tous un jour au bord de la crise de nerfs. L'envie terrible d'abandonner notre enfant au supermarché est passée par la tête de la majorité d'entre nous. Là n'est pas le problème. Le danger est de croire qu'il n'existe pas d'autres moyens que la violence pour se faire obéir. Alors que chacun conserve la possibilité de faire autrement, une possibilité bien plus efficace. Il n'y a pas un parent qui ne soit pas capable de s'approprier les bons outils éducatifs. Il n'y a pas de mauvais parents en soi, il y a des parents perdus parfois.

QUE FAIRE QUAND ON VOIT ROUGE ?

Lorsque nous sentons la moutarde nous monter au nez, n'essayons pas de passer outre ou faire comme si de rien n'était. Au contraire, voyons cela comme un signal d'alarme. Profitons-en pour prendre soin de nous, nous accorder un moment de calme, de répit. Il ne vient pas à table alors que l'heure tourne et que nous sommes souffrants ? Le dîner est servi certes mais réfléchissons : sommes-nous à cinq minutes près alors que nous avons de la fièvre ? Si nous sommes à l'extérieur, qu'il hurle et que nous n'en pouvons plus, choisissons de faire asseoir l'enfant, l'isoler au calme, pour reprendre notre souffle, regarder ailleurs. Temps mort. La priorité, dans ces cas particuliers, est que tout le monde s'apaise, pas que l'enfant obéisse coûte que coûte. L'urgence est que l'insulte ou la claque ne tombe pas.

Qu'attendons-nous de notre enfant ? Que sommes-nous en mesure de faire en de pareilles circonstances, plutôt délicates, pour parvenir à notre but ? Nous avons même le droit de céder. Que vaut-il mieux ? Aller au conflit ou qu'il mange devant la télévision et que nous puissions nous allonger pour soulager cette fièvre ? Persévérer dans l'escalade ou finir nos courses sereinement quitte à promettre une récompense à la caisse ? Nous aurons tout le temps et le loisir de revenir sur l'incident une fois calmés ou rentrés à la maison. Nous aurons alors retrouvé nos esprits et serons à même d'expliquer à notre enfant en quoi son attitude était pénible et pour quelle raison nous avons cédé. Il est tout à fait capable d'entendre la fragilité momentanée de son parent. Et de comprendre que cela fait aussi sa force.

FOCUS

- L'obéissance passe après l'équilibre de chacun, enfant et parent.
- Informer n'est pas menacer.
- Réagir n'est pas punir.
- Rappeler à l'ordre n'est pas crier.

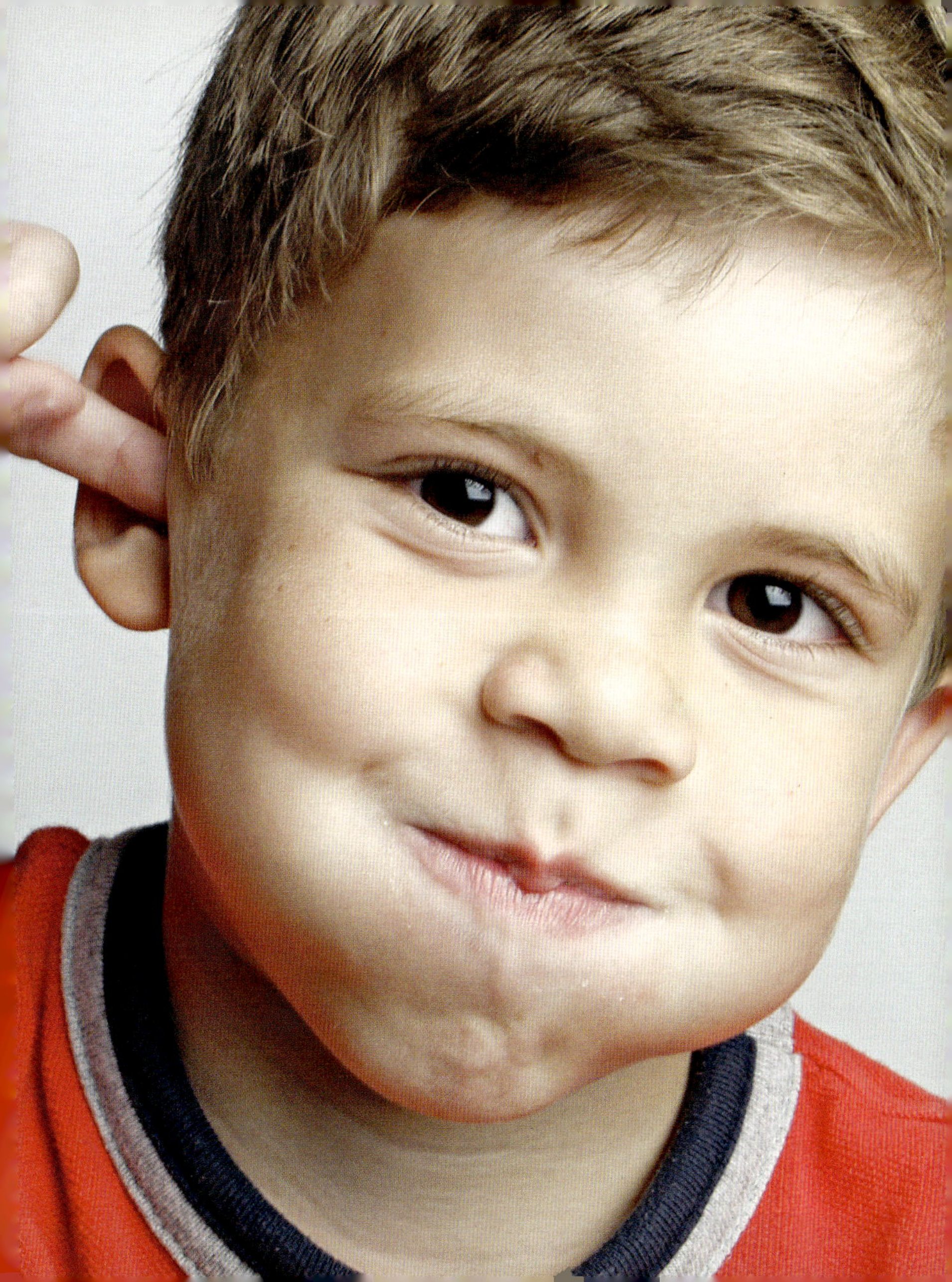

Comment faire pour qu'il écoute ?

Puisque nous ne pouvons ni menacer, ni punir, qu'allons-nous faire ? Nous allons commencer par adopter le bon comportement. Le principe : définir les règles, les formuler correctement et faire en sorte qu'elles arrivent au bon moment. L'objectif : favoriser la coopération de notre enfant.

DES RÈGLES CLAIRES ET PRÉCISES…

Il s'agit d'abord de dire à l'enfant ce que nous attendons de lui. Si nous souhaitons qu'il se lave les mains en rentrant du square, encore faut-il qu'il le sache. Or, nous le voyons parfois comme un adulte. Puisque, pour nous, l'hygiène est une évidence, alors, pour lui, cela devrait être naturel.

Tâchons donc de transmettre, en amont, un code de conduite clair avec des consignes précises. Si nécessaire, proposons à l'enfant d'afficher les règles de vie de la maison. Commençons par « ce qu'on peut faire », puis « ce qui est négociable et dépend du contexte » et « ce qu'on ne peut pas faire ». Par exemple, on peut dire ce que l'on pense, on n'a pas le droit de taper sur son frère et regarder la télévision est négociable et dépend du contexte.

Nous pouvons aussi faire un planning. Associons un maximum l'enfant à cette définition des règles. Il pourra par exemple colorier les tranches « dodo », dessiner les cases « école », illustrer le cours de judo, etc. Lui mettre des limites, c'est aussi déterminer quelles sont les nôtres. Nous devons lui signifier ce que nous sommes en mesure de tolérer et ce que nous ne pouvons pas permettre. Nous pouvons par exemple choisir de lui laisser une marge de manœuvre : « J'ai le droit de t'appeler trois fois. » Cela nous évitera à l'avenir de tergiverser pour savoir où placer le curseur. Et nous demander pendant dix minutes s'il faut sévir ou pas...

Halte à la projection !

Nous projetons souvent sur l'enfant nos manières d'adulte, nos réflexes, nos raisonnements. Tâchons toujours de rester à hauteur d'enfant. Utilisons des mots simples et n'attendons pas de lui qu'il raisonne. Il ne sait pas vraiment ce qu'est une « bonne santé » par exemple, ne comprend pas ce qu' « en retard » veut dire. Quand il a faim, il ne pense pas à manger équilibré ; il n'a pas non plus conscience des conséquences de ses actes comme il n'a pas acquis la notion du temps. Tout cela relève de l'abstrait pour lui.

L'énoncé même des règles de vie doit être précis. Plutôt que « sois sage », formulons clairement qu' « il ne faut pas courir à la maison ou sauter sur le canapé ». Plus nous serons précis, plus nous serons entendus. À la place de « range ta chambre », nous pouvons demander à l'enfant de rassembler les cubes qui traînent par terre ou mettre ses affaires de la veille au sale.

Ces différents principes sont bien sûr à mettre en place en fonction de nos priorités, valeurs, besoins, attentes, bref en fonction de la définition que nous avons donné à l'obéissance. Et en accord avec l'autre parent.

... MAIS LIMITÉES ET JUSTIFIÉES

Mieux vaut éviter de multiplier le nombre de consignes surtout si l'enfant est encore jeune. Levons le pied sur les règles subalternes et focalisons-nous sur celles que nous estimons importantes. Tout comme l'enfant n'est pas en mesure d'apprendre une langue étrangère du jour au lendemain, il ne peut pas se conformer à un système, pour lui compliqué, en un claquement de doigts. Mieux vaut qu'il apprenne, comprenne et intériorise nos demandes les plus importantes, celles que nous avons identifiées au chapitre précédent.

Si elle est importante pour nous, la règle aura du sens pour l'enfant. Et cela tombe bien car les consignes doivent toujours être expliquées. Les sommations gratuites et les injonctions infondées sont peut-être obéies mais au prix de quels efforts ? L'enfant doit comprendre que nous avons une bonne raison de lui demander ce que nous lui demandons. Reprenons l'exemple précédent : si nous voulons qu'il se lave les mains en rentrant du square, expliquons-lui que c'est important de se débarrasser des petits microbes qui traînent dans le bac à sable.

Un peu de souplesse

Les règles de la maison ne sont pas rigides, figées pour de bon, gravées dans la pierre. Les limites doivent être claires mais ne sont pas bêtement suivies à la lettre. Si l'heure du coucher a été fixée à 20 h mais que l'enfant a besoin de parler ou qu'un parent est sur le point de rentrer, un sursis peut être envisagé. Nous devons toujours tenir compte de la situation, des circonstances extérieures, des attentes et des sentiments de chacun. Il y a aussi les moments de fatigue, de stress, les moments où nous sommes contrariés. Accordons-nous une marge de manœuvre, un sas de décompression en conservant une certaine variabilité.

Inutile cependant de nous lancer dans des détails qui pourraient être traumatisants : s'il ne nous obéit pas, les microbes vont s'installer dans son corps, il va tomber très malade, ne pourra plus jouer dans le sable, etc. Inutile aussi de jouer sur l'affectif. Notre enfant ne doit pas se laver les mains (ni finir son repas, ni aller au lit) pour nous faire plaisir. C'est pour son bien à lui, pas pour le nôtre. C'est du moins ce qu'il doit croire...

OPTER POUR LA BONNE FORMULATION

Ce qui amène tout droit à la question de la formulation. Rares sont les enfants qui opinent du chef en entendant de sèches directives. Sont-ils susceptibles ? Pas davantage que les adultes ! Ne sommes-nous pas plus enclins à écouter celui qui nous parle gentiment, posément, avec respect ?

Pour que le message passe, une bonne communication est cruciale. Nous savons qu'il n'est pas bête de disposer les haricots verts en forme de bonhomme si l'on veut que l'enfant les trouve appétissants. Il en va de même avec nos demandes verbales. Il convient d'enrober un peu notre discours.

Il y a mille et une autres manières de dire ses exigences qu'un ordre frontal. Lorsque nous souhaitons que l'enfant obéisse, obtempère, suive nos conseils, choisissons la bonne formulation :

- **On évite le côté commandant en chef :** « À table ! C'est l'heure ! »

- **Mais on ne demande pas la permission :** « Veux-tu bien venir à table ? »

- **On dit les choses telles qu'elles sont :** « On se met à table ! »

Mieux vaut, dans la mesure du possible, privilégier une formulation positive. Le négatif n'est pas pédagogique puisqu'il n'est pas, tout simplement, efficace. Si l'enfant traîne les pieds pour venir déjeuner, lui dire qu'il ne pourra « *pas* aller au parc cet après-midi le ventre *vide* » a peu de chances de fonctionner. En revanche, affirmer que « *pour* aller au parc cet après-midi, il faut qu'il ait le ventre *plein* » devrait être plus productif. Dans le premier cas, nous mettons l'accent sur le négatif. Dans le deuxième, nous mettons en avant le positif.

ANTICIPER LE BON MOMENT

De même que nous ferons attention à la forme de notre demande, nous devrons rester vigilants sur la question du moment. Si l'enfant refuse, non plus de venir à table mais d'aller au lit, par exemple, essayons de ne pas voir rouge immédiatement. Prenons quelques minutes pour vérifier que c'est bien le bon moment.

Car notre bon moment à nous n'est pas toujours son bon moment à lui, nous l'avons vu au 3e chapitre. S'il doit se coucher alors qu'il n'a pas fini son dessin d'un pays extraordinaire et merveilleux, cela lui coûte véritablement. Accepterions-nous, nous-mêmes, qu'au beau milieu d'une activité passionnante, quelqu'un prononce l'extinction des feux ? Pensons toujours à prévenir l'enfant que l'ultimatum se rapproche et qu'il va falloir partir pour l'école, sortir du bain ou, comme pour notre exemple, aller au dodo. Toujours en mettant en avant le côté positif des choses. « Dans 15 minutes, c'est l'histoire du soir… » a plus de chances d'être entendu que « Va te coucher ! »

Lorsque nous n'avons pas eu le temps ou l'occasion d'anticiper, mieux vaut perdre cinq minutes. Dans le cas du dodo, prévenons l'enfant qu'à la fin de telle page, on éteint. Appuyer brutalement sur l'interrupteur ou lui arracher le livre des mains engendrera de la frustration chez l'enfant, peut-être même de la colère. Il ne trouvera pas cela « juste » et aura du mal à s'endormir. Alors même que notre objectif était justement qu'il s'endorme… Cela dit, attendre le bon moment n'est pas laisser l'enfant le choisir tout seul. Il est évident que, si après avoir terminé son dessin, l'enfant a sorti des Lego® alors que nous lui avions signifié un dodo imminent, nous devons nous imposer. L'idée ici n'est pas de se soumettre systématiquement aux désirs de l'enfant mais simplement d'en tenir compte. La bienveillance n'est pas la négligence et notre tolérance est structurante parce qu'elle a des limites. Alors stop ! L'histoire du soir, un câlin et bienvenue au pays des rêves...

FOCUS

- Un enfant a besoin de savoir clairement ce que son parent attend de lui.
- Les repères forment un cadre, pas un carcan.
- Les bons mots prononcés au bon moment sont incroyablement efficaces.

Comment lui donner envie d'obéir ?

S'il pouvait avoir envie de manger des haricots verts, mettre ses chaussettes au sale et faire ses devoirs, notre vie serait un long fleuve tranquille. Bonne nouvelle : nous avons les moyens de susciter le désir de bien faire. Bientôt, notre enfant sera ravi de nous obéir.

PLACE À LA MOTIVATION

Les spécialistes de l'enfance sont formels : la motivation est bien plus efficace que les sanctions, punitions et autres réprimandes. Lorsque l'enfant comprend qu'il est dans son intérêt d'obéir, alors, c'est tout simple, il obéit. S'il sait qu'il va véritablement y gagner quelque chose (en termes de reconnaissance, de valorisation, d'amour ou, de façon plus concrète, une récompense), il accède à la demande de son parent sans même se poser de questions.

Le désir de l'enfant est extrêmement puissant. C'est la raison pour laquelle il peut se mettre dans tous ses états lorsqu'il se voit opposer un refus. Il est frustré, ne comprend pas et souffre véritablement de ne pas obtenir gain de cause. Mais la puissance de ce désir a un revers positif : elle le fait redoubler de motivation.

Par exemple, il a expressément besoin d'une console de jeu mais vient seulement de souffler ses 5 ans. Depuis des semaines, il a engagé des pourparlers pour obtenir la fameuse DS© ou Playstation©. Nous lui disons non chaque fois que le sujet revient aux débats en trouvant mille raisons valables : « C'est bien trop cher, tu es trop jeune, etc. » Et lui de rétorquer que la console peut faire l'objet des quinze prochains anniversaires et que ses copains Simon et Sophie en ont une depuis l'âge de 4 ans et demi.

Au lieu de clore le sujet de façon abrupt et ancrer la frustration pour de bon, nous pouvons tout simplement remettre à plus tard. Son désir sera exaucé « une fois que... » ou « quand il sera... » ou « à telle date ». Pour reprendre notre exemple, nous pouvons dire à l'enfant que « pour pouvoir jouer sur une console de jeux, il doit être en mesure de comprendre les instructions et donc, savoir lire ». Différer le gain ou la récompense permet que l'enfant ne perde ni espoir, ni confiance. Son désir est à la hauteur de sa motivation. Quelles que soient les circonstances, valorisons toujours auprès de notre enfant ce qu'il sera en mesure de faire lorsqu'il nous aura obéi ou que certains apprentissages seront acquis. « Pour aller jouer avec Sophie, il faut que tes devoirs soient terminés. » « Quand tu seras propre, nous pourrons aller voir la Tour Eiffel. »

Attention ! Il ne s'agit pas d'une condition. Évitons d'utiliser l'adverbe « si ». « Si tu es propre, nous irons voir la Tour Eiffel » est entendu par l'enfant comme une exigence, une modalité et, finalement, une contrainte. Insistons plutôt sur la notion de récompense, d'avantage, de bénéfice. Mettons toujours en avant ce qui est agréable et plaisant plutôt que son pendant, la sombre obligation. Un « si » est un ordre camouflé. Un « pour » donne envie, stimule le désir de l'enfant qui, nous l'avons vu, est d'une impressionnante puissance. Et déplace des montagnes.

LE PRINCIPE DE L'ÉCONOMIE DE JETONS

Dans cette optique, une méthode appelée « économie de jetons » a depuis longtemps fait ses preuves. Il s'agit de mettre en place un tableau à points, qui valorise les bons comportements de l'enfant sans mettre à l'index les mauvais. On récompense par des « jetons » une série de consignes – précises, justifiées et limitées, rappelons-nous... L'enfant les collectionne. Il dispose ensuite d'un petit trésor qu'il pourra échanger contre une récompense.

Pour bien comprendre, voyons le tableau d'un petit garçon de 5 ans :
Nous pouvons opposer à cette méthode un petit côté très scolaire et au quotidien assez contraignant. Soyons honnête : elle im-

	Lundi	Mardi	Mer.	Jeudi	Ven.	Sam.	Dim.
Demander l'autorisation de regarder la télévision		X		X	X	X	X
Débarrasser mon couvert	X	X	X	X	X	X	X
Ranger un jeu avant d'en prendre un autre		X			X	X	
Dire bonjour avec le sourire le matin			X		X		X
Patienter sans râler		X					
Montrer mon cahier de liaison à Papa ou Maman		X		X			

Objectif de la semaine : 20 jetons. Total de la semaine : 21 jetons

plique une certaine assiduité... Mais évaluons le temps que nous perdons par jour, par semaine, par mois à nous opposer à notre enfant ou négocier limites et permissions. Si nous trouvons l'économie de jetons fastidieuse, ne jetons pas le bébé avec l'eau du bain ! Retenons-en l'idée générale, le principe. Si nous la pensons intelligente, il est temps de la mettre en place à la maison.

S'APPROPRIER LE SYSTÈME

Concrètement, comment adopter l'économie de jetons ? D'abord, identifions précisément les comportements qui doivent être renforcés chez notre enfant : politesse, ordre, maîtrise de soi, etc. Choisissons ensuite les « jetons » qui vont être utilisés : ce peut être des croix dans un tableau comme dans l'exemple précédent, des poinçons, mais aussi des gommettes, des bons points, des billes, et bien sûr de vrais jetons en plastique. Déterminons ensuite les gains potentiels et les conditions de l'échange de la cagnotte : à quelle fréquence (une fois par semaine, le 15 du mois, etc.) quelle récompense (petit cadeau, sortie, privilège, avantage, etc.)

« Allez, je t'aide »

Pour se faire entendre, il suffit parfois simplement d'amorcer le mouvement. Nous souhaitons qu'il range sa chambre ? Attrapons la première brique ! Nous voulons qu'il s'habille rapidement, aidons-le pour la première chaussette. Il ne s'agit pas de « faire à sa place » mais de l'accompagner sur la bonne voie. Bien sûr qu'il est capable de ranger ou s'habiller tout seul. D'ailleurs ce week-end ou demain matin, nous aurons plus de temps pour qu'il le prouve. Mais là tout de suite, si nous sommes pressés, inutile de s'énerver. Et puisque cela fonctionne, ne nous en privons pas. Il faut partir ? Nous sommes déjà dehors...

Le système a l'avantage d'être souple et adaptable à tout moment. On peut donner plus de jetons si le comportement est exceptionnel, augmenter le délai d'échange et le nombre de jetons si l'objectif de l'enfant est « un gros cadeau », modifier nos demandes si l'on s'aperçoit que telle règle est définitivement acquise (« débarrasser mon couvert » dans l'exemple précédent), récompenser davantage telle autre en cas de grande difficulté (« patienter sans râler » dans l'exemple précédent). C'est à nous en fonction du tempérament et des progrès de l'enfant de moduler le tableau.

L'économie de jetons a l'avantage de mettre en avant la réussite d'un petit – et même d'un plus grand – plutôt que stigmatiser ses lacunes. L'enfant change immédiatement de point de vue : c'est pour lui qu'il obéit, dans son propre intérêt qu'il suit les règles de la maison. La coopération devient plaisante, presque un jeu, un défi. Cerise sur le gâteau, nous verrons dans un prochain chapitre que le système nous sera aussi d'une grande aide en cas de franche opposition et de refus systématique et/ou problématique. Car, si l'on peut donner des jetons, on peut aussi en retirer. Nous pourrons relever le mauvais comportement sans pour autant punir ou sanctionner.

Carotte, bâton ou éducation ?

Certains diront que l'économie de jetons ressemble à l'ancestral et éculé principe de la carotte et du bâton. Peut-être. Toujours est-il que la carotte est bien plus pédagogique que le bâton. Et puis, pourquoi vouloir se passer de l'incitation et persévérer dans la punition ? La carotte est tout aussi noble que le bâton. Il n'est pas question d'acheter son enfant à coup de récompense. Mais de mettre en ligne de mire ce qu'il y a de bon à gagner en respectant les règles de vie. À l'expression de la carotte et du bâton, nous préférons les adages qui consistent à voir le bon côté des choses ou la bouteille pleine plutôt que vide. Tel un coach sportif, le parent doit motiver.

L'ENCOURAGER

Motiver l'enfant à adopter les bons comportements passe aussi par la valorisation et la reconnaissance. Partant du principe qu'obéir est normal, le parent oublie parfois de l'encourager et le féliciter. Or, non, obtempérer n'est pas « normal » pour un petit. Il fait des efforts en ce sens. Même s'il sait qu'il a quelque chose à gagner quand il coopère, parfois, nos demandes lui coûtent ou le laissent pantois.

Alors, n'oublions pas d'encourager l'enfant lorsqu'il tente de bien faire. Constatons qu'il a fait des progrès, par exemple, valorisons son attitude : « Tu as réussi ! » « Bravo ! » « Tu as raison ! » « C'est bien, continue ! » « Je suis fier de toi, et toi, qu'en penses-tu ? »

Il n'est pas question de le porter aux nues ou l'encenser pour flatter son ego. Cependant, l'amour de soi, le narcissisme, ne sont pas de vilains mots. L'enfant doit être en mesure de s'apprécier lui-même pour construire une solide estime de soi.

C'est pourquoi il convient de l'y aider. Il est indispensable de reconnaître ses efforts, il est primordial de prendre acte de ses succès. Un mot enthousiaste, un geste tendre, un regard de fierté sont de puissants moteurs pour lui. Gagner des jetons motive ; mais gagner l'amour de son parent n'a pas de prix...

LUI FAIRE CONFIANCE

Motiver l'enfant, c'est aussi apprendre à lui dire... oui ! Si habitués à prononcer ce non qui le protège des dangers et qui favorise ce qui est bon pour lui au détriment de ce qui est mauvais, nous en oublions parfois d'accéder à ses demandes. S'il faut qu'il nous écoute, il faut aussi que nous l'écoutions... Pour être constructifs, nos refus ne doivent pas être systématiques. Ils perdraient leur sens, leur valeur et leur objectif. Alors... autorisons !

Autorisons d'abord l'enfant à parler, à exprimer ses désirs et ses pensées. On ne dira jamais assez l'importance de l'échange et

Comparer n'est pas stimuler

Croyant encourager l'enfant à « mieux faire », les parents songent parfois à évoquer la sagesse d'un frère aîné, la gentillesse d'une sœur cadette, la discipline d'un petit camarade, quand ce n'est pas leur propre bon comportement qu'ils mettent en avant : « Moi, quand j'étais petit... » La comparaison n'est jamais constructive lorsqu'elle s'opère au détriment de l'enfant. Elle ne permet pas l'évaluation mais conforte dans la dévaluation. Soyons attentifs. Ne mettons pas en confrontation deux enfants et surtout pas s'ils sont tous les deux nos enfants. Ils sont forcément différents, ont leur propre tempérament et leur propre rythme d'apprentissage. Il serait néfaste d'attiser une rivalité déjà peut-être un peu présente dans la fratrie. Ce qui est, au demeurant, parfaitement sain et naturel.

de la communication. N'oublions pas de discuter avec notre enfant, d'entendre et d'accueillir son opinion, et ce dès le plus jeune âge. Nous lui montrons ainsi que son avis compte et nous favorisons chez lui la construction d'une identité propre.

Il n'a pas les mêmes goûts, les mêmes envies, les mêmes besoins que nous. Et il en a le droit ! Sa parole a autant de valeur que la nôtre. Ses sentiments sont aussi importants.

L'autoriser à parler, c'est aussi l'autoriser à négocier. Nous pensons que les négociations n'ont pas leur place dans l'éducation, qu'elles sont signes de faiblesse et de démission de la part du parent. Nous avons tort de nous priver de cet outil de motivation. L'art de la négociation est une façon pour notre enfant d'affirmer ses choix, ses goûts, sa pensée. Ce petit côté marchandage est en réalité une forme d'affirmation de soi. C'est un moyen pour l'enfant de gagner en confiance, en autonomie, voire un moyen d'exister dans une famille où l'on décide souvent à sa place. Il apprend à argumenter, à défendre son point de vue, à convaincre l'autre. Encore faut-il lui en laisser la possibilité... Il veut regarder la télévision ? Super ! Quel programme ? Pourquoi ? Pour favoriser cette autonomie, autorisons-le à décider pour lui. Accéder à certaines de ses demandes est absolument sans conséquence et peut s'avérer pour lui très instructif. Il fait ses propres expériences, apprend à se connaître, ce qu'il aime, ce qu'il n'aime pas. Laissons-le choisir de petites choses, même quand il est encore très jeune. Nous pouvons, par exemple, le laisser décider de son dessert. Quelle importance pour nous qu'il prenne un yaourt ou une compote ? Nous lui faisons confiance. Et cela en revanche est d'une très grande importance.

C'est pourquoi il convient d'autoriser l'enfant à prendre des risques. Cela nous paraît difficile tant notre rôle est de le protéger. Et pourtant, c'est en testant ses capacités qu'il les connaîtra. L'élever dans du coton ne lui rendra pas service : il doit apprendre qui il est, ce dont il est capable et ce qui lui pose (encore) des difficultés. C'est ainsi qu'il peut grandir et s'épanouir. Il y a un temps pour l'obéissance, et d'autres, beaucoup d'autres, pour l'expérimentation...

Pour motiver l'enfant finalement, rien de tel que l'assurer de notre confiance. L'essentiel n'est pas qu'il obéisse quand il est enfant. Mais qu'adulte, il soit en mesure de savoir et, par ricochet, de privilégier ce qui est bon pour lui.

FOCUS

- L'enfant gagne à coopérer avec son parent.
- Obéir n'est pas une évidence ; il convient toujours de reconnaître et d'encourager les efforts de l'enfant.
- La confiance du parent est la clé de celle de l'enfant.

Que faire quand il désobéit ?

Notre incitation à l'obéissance n'a pas tout à fait porté ses fruits. Malgré des « jetons » à l'horizon, notre enfant reste campé sur ses positions. Il refuse toujours d'accéder à notre demande et/ou renouvelle une bêtise. Comment réagir ? Que faire ? Que dire ?

UN PROBLÈME D'OBÉISSANCE, VRAIMENT ?

L'enfant n'est pas un tyran en puissance mais là, tout de suite, maintenant, il lui ressemble à s'y méprendre... Nous avons beau savoir qu'il ne nous désobéit pas sciemment dans le seul but d'empoisonner notre existence, nous ne comprenons pas et ne savons plus quoi faire. Avant de passer aux choses plus ou moins sérieuses, prenons du recul et interrogeons-nous.

Pourquoi, selon nous, notre enfant s'oppose-t-il à notre demande ? Pourquoi, par exemple, traîne-t-il les pieds pour aller prendre une douche ? Nous pouvons ici reprendre toutes ses « bonnes » raisons de désobéir (cf. 3e chapitre) : il ne comprend pas pourquoi on lui demande d'aller prendre une douche *maintenant*, il est très occupé par autre chose, il est fatigué, l'un de ses copains à l'école lui a dit que lui, il ne prenait pas de douche, etc. Peut-être a-t-il un problème, une question, un souci qui n'ont rien à voir avec le fait de nous obéir ou pas. Qui n'ont peut-être même rien à voir avec la douche !

Mieux vaudrait donc trouver une solution à ce problème-là, répondre à sa question ou s'occuper de son souci. Réexpliquer pourquoi on prend une douche, par exemple, ou lui laisser cinq minutes pour finir son dessin, ou encore, essayer d'en savoir plus sur ses préoccupations. Si nous nous trompions de sujet ou passions à côté, nous ne ferions que rajouter de l'embarras là où il y en a déjà.

ÉVALUER LA GRAVITÉ DE LA SITUATION

Deuxième étape et non des moindres, la mise en perspective. S'agit-il d'un écart ou d'un refus occasionnel ? Ou l'opposition est-elle (devenue) systématique ? La réponse ne sera évidemment pas la même. Si l'enfant traîne les pieds pour obéir un soir alors qu'il s'est bien comporté toute la semaine, essayons de ne pas en faire un drame.

Demandons-nous ensuite si la situation est gênante, problématique ou inacceptable. Si oui, en quoi l'est-elle concrètement, pour qui l'est-elle vraiment ? Parfois, le parent s'agace d'une absence de réactivité parce qu'il le traduit immédiatement en termes d'insolence. Vérifions que nous n'envisageons pas de sévir pour nous conforter nous-même dans notre rôle. Nous cherchons tous à panser nos petites blessures narcissiques mais faisons alors les mauvais choix... Le manque de bonne volonté n'est pas forcément un manque de respect.

Est-ce que voir l'enfant obtempérer immédiatement est essentiel ? Ou pouvons-nous attendre cinq minutes pour utiliser les bons moyens et parvenir à nos fins sereinement ? N'entrons en conflit que lorsque cela s'avère nécessaire. Ce n'est pas drôle pour lui, encore moins pour nous.

Il nous sera utile de mettre en perspective la situation. S'il refuse de prendre cette douche par exemple, qu'il est déjà tard et que nous sommes fatigués, énervés, stressés, peut-être n'est-ce pas le bon moment pour déterrer la hache de guerre. S'il y a d'autres impératifs, comme les devoirs ou le repas, que l'enfant a pris un bain ou en prendra un le lendemain, peut-être pouvons-nous faire l'impasse. Il s'agit toujours de nous demander si c'est important ou finalement accessoire. Nous devons sévir et rester ferme uniquement si les circonstances l'exigent. Et nous allons vite nous rendre compte qu'elles ne sont pas si nombreuses et que, oui, l'harmonie peut très bien régner à la maison...

Considérer l'objectif en chaque situation

Il convient de ne pas manquer son but sous l'effet de l'émotion. Quel est ici notre objectif ? La nature de notre réaction en dépend. Si nous souhaitons transmettre une information, par exemple, il est nécessaire d'avoir recours à l'explication. Si nous voulons voir exécuter une mission, agissons. Si nous demandons qu'il se calme, choisissons l'isolement. Trouvons la réponse appropriée à la situation.

RAPPELER LA RÈGLE DE VIE

Lorsque l'enfant désobéit franchement, il est important de rappeler quelles sont les règles de vie de la maison. Reprenons le tableau des consignes – ou décidons-nous enfin à en faire un... Un bon rappel à l'ordre s'opère en quatre temps :

• **Assurons-nous** d'obtenir toute l'attention de l'enfant, captons et soutenons son regard, fermement. Nous ne sommes pas là « pour rigoler », il doit le comprendre.

• **Attendons un moment** puis interrogeons-le : « Que se passe-t-il ? » ou « Que s'est-il passé ? » Il ne s'agit pas d'obtenir de lui une explication plausible mais qu'il prenne conscience de ce qui arrive ou de ce qui est arrivé. Le ton est calme, assuré mais mesuré.

Sermon : le bon timing

Pour être efficace, notre rappel à l'ordre doit arriver au bon moment. Évitons donc de « gronder »...

- Trop longtemps après le délit. Notre enfant n'a plus les faits en tête et est probablement passé à autre chose.
- En présence des autres, ses camarades ou les clients du supermarché. Il pourrait se sentir dévalorisé.
- Lorsqu'il est terriblement en colère, fait un caprice, une crise. Il n'est pas en mesure d'examiner la situation, prendre du recul et réfléchir.
- Lorsqu'il est surexcité et/ou absorbé par toute autre chose, un jeu par exemple. Il n'aura que faire de nos leçons de morale.
- Lorsque nous-mêmes sommes hors de nous. Il ne retiendra que notre colère et n'écoutera pas le message.

• **Rappelons ensuite la règle** et/ou l'interdit en expliquant pour quelle raison il est nécessaire qu'il la respecte. Nous pouvons aussi lui demander d'énoncer à son tour ce qu'il est en droit de faire, ce qu'il ne peut pas faire et ce qui est négociable. Il s'agit de redire à haute voix la consigne : « Je ne mange pas de bonbon avant le repas » ou « Je range mes chaussures en rentrant à la maison ». C'est à ce moment-là qu'il devrait accéder à notre demande.

• **Décidons enfin des conséquences** qu'aura son écart de conduite ou si nous pouvons passer à autre chose. Et lui aussi.

Il va nous falloir jouer les équilibristes, remonter les bretelles sans affecter l'estime de soi de l'enfant. Pour cela, soyons toujours mesurés dans nos propos. Ne blâmons jamais directement notre fils, notre fille : « Tu es vilain ! » « De toutes façons, on ne peut pas te faire confiance... » Mais prenons acte d'un comportement : « Courir sur la rambarde est dangereux et donc interdit. » « Tu continues à jouer alors que je t'avais demandé de mettre la table ? » Optons pour un rappel à la loi et évitons la condamnation à perpétuité.

AGIR ET DONNER L'EXEMPLE

Lorsqu'il ne veut vraiment rien entendre mais que nous devons impérativement vaquer à nos occupations ou faire en sorte qu'il vaque aux siennes, il n'y a plus à tergiverser. Il est parfaitement inefficace de répéter « cent fois la même chose » : c'est nous que cela risque d'énerver et ce n'est pas le but. Inutile aussi de crier de plus en plus fort : le nombre de décibels ne changera rien à notre problème.

Ne parlons plus, agissons. Un exemple : nous devons sortir faire les courses, il voudrait rester à la maison. Mais il ne peut pas rester seul et nous n'avons pas le choix. Dans ces conditions, passons à l'action, éteignons la télévision et enfilons-lui les

Après tout, qu'il prenne ses responsabilités !

Notre but est, souvenons-nous, qu'il devienne un grand garçon, une jeune fille épanouie. Eh bien, pourquoi ne pas le mettre en face de ses responsabilités ? Un exemple pour comprendre : nous lui avons demandé plusieurs fois de faire son exercice de mathématiques et il continue d'écouter sa musique. S'il n'y a pas d'autres enjeux qu'un probable sermon de la part de la maîtresse le lendemain, il n'est peut-être pas utile d'entrer en conflit. Prenons acte de son refus d'obtempérer avant d'ajouter : « Pas de problème, tu te débrouilleras donc demain matin avec ton professeur. » Laissons-le faire lui-même l'expérience des conséquences de ses actes. C'est ainsi que l'on apprend, que l'on grandit. Il en sera quitte pour un sermon mais après tout...

chaussures qu'il vient de jeter à l'autre bout du salon.

Ensuite, optons pour la technique de la sourde oreille. Ne prêtons aucune attention à ses complaintes, colères ou tentatives de séduction. N'entrons plus dans des discussions sans fin, cessons les transactions et les justifications. Prenons acte de son mécontentement sans sourciller : « Je comprends que tu n'as aucune envie d'aller au supermarché, mais nous devons faire les courses. Alors inutile d'insister. » Au choix, nous pouvons faire le perroquet [répéter] ou la carpe [se taire].

RETIRER UN JETON

Que les punitions ne soient pas pédagogiques ne veut pas dire qu'il ne faut rien faire quand l'enfant dépasse les limites que l'on s'était fixées. Certains comportements sont pour nous inadmissibles et nous devons faire en sorte qu'ils ne se reproduisent pas. Pour motiver l'enfant, nous avons choisi de mettre en valeur et récompenser ses efforts, via le principe de l'économie de jetons. Or, celui qui gagne peut aussi… perdre.

Si nous estimons qu'une réponse ferme doit être apportée au comportement de notre enfant, retirons-lui un ou plusieurs de ses jetons. Au même titre que nous avons choisi de récompenser, nous choisissons de retirer ou de différer la récompense.

Ce peut être un jeton, un bon point. Mais nous pouvons aussi supprimer le temps télé/console/ordi pendant une journée ou deux ; différer, sans l'annuler, une sortie ; remettre à la semaine suivante un petit cadeau, etc. Il s'agit simplement que l'enfant comprenne que ses actes ont des conséquences. Il écoute, il gagne. Il ne veut rien entendre, il perd.

Ce retrait de récompense doit être adapté à la bêtise ainsi qu'à l'âge de l'enfant : la sévérité est fonction de la nature de l'opposition et de la maturité de celui qui s'y est enfermé. Il doit aussi être justifié et expliqué à l'enfant : c'est parce qu'il a désobéit qu'on lui retire sa récompense. Il s'agit de « marquer le coup », de faire entendre notre désapprobation, de mettre notre veto. Le comportement de notre enfant ne peut pas passer inaperçu. Notre décision est symbolique, mais notre acte concret.

Des excuses sinon rien !

Le pardon a une valeur. Il ne s'agit pas de culpabiliser l'enfant mais de le responsabiliser. S'il a commis une erreur, il présente ses excuses. Cette forme de réparation, que d'aucuns disent démodée ou trop conventionnelle, permet pourtant de passer l'éponge sans avoir nié l'existence de la tâche ! Sans excuses, comment passer à autre chose ? Il va sans dire que lorsque le parent commet un impair, il est censé demander pardon. Même et surtout à un petit haut comme trois pommes. Montrer l'exemple, toujours et encore...

ISOLER

Que faire en cas de grosse bêtise ou de tension palpable ? Nous lui avions interdit de jouer avec le téléphone, il a désobéi, a laissé tomber l'appareil qui se trouve désormais en pièces détachées. Nous voyons rouge...

La meilleure réponse est l'isolement. Le fort célèbre « Va dans ta chambre ! » a depuis longtemps fait ses preuves – même s'il peut être formulé autrement. Et pour cause ! Isoler l'enfant est une solution qui permet d'arrêter le temps (et le comportement inadéquat) pour le calmer et s'apaiser soi-même, ce qui est, avouons-le, nécessaire parfois.

Cet isolement doit avoir une durée de vie limitée dans le temps. Certains spécialistes conseillent de fixer le temps de mise en quarantaine à une minute par année d'âge. S'il a 5 ans, c'est cinq minutes dans sa chambre (à éviter cependant autant que possible, sa chambre étant son sanctuaire de jeux), dans le couloir, sur une « chaise à grandir », etc. Il est tout aussi malsain et ravageur de laisser seul l'enfant toute une après-midi que d'isoler dans le noir, dans un placard ou sur le trottoir. Cette retraite forcée doit elle aussi conserver sa portée symbolique.

Ensuite, il faut savoir passer à autre chose. Formulons clairement que nous levons la sanction. Tel le coupable un temps emprisonné, notre enfant a payé sa dette, il est libre. Il est aberrant de lui faire payer double en affichant ostensiblement notre colère et notre mauvaise humeur ou revenir sur l'incident toute la journée. Nous devons remettre le compteur à zéro.

Dernier point : celui qui décide de l'isolement décide de son terme. Il n'est pas judicieux d'intervenir si c'est notre conjoint – ou l'un des membres de la famille – qui est à l'origine de la sanction. Et, bien évidemment, ce n'est pas l'enfant qui décide tout seul de la fin des hostilités. Ce n'est pas à lui non plus de dire s'il est « enfin calmé ».

Les temps changent...

Il est toujours utile de se remettre en question en tant que parents. Les situations évoluent, l'enfant grandit, nous-mêmes changeons. Il convient d'adapter notre comportement et nos demandes aux circonstances. Notre réaction face à la désobéissance gagne aussi à se réinventer. Des petits réglages peuvent être envisagés à tout moment.

CALMER LES CRISES ET LES CAPRICES

Il ne s'agit même plus d'obéissance ! Notre enfant hurle parce qu'il ne veut pas se coucher. Ou se roule par terre en plein supermarché. Comment faire pour s'en sortir indemnes ? D'abord il est parfaitement inutile de vouloir raisonner un enfant en pleine crise. Il n'est absolument pas en mesure de prendre du recul ou de réfléchir à ce qu'il est en train de faire, dire, vivre. La communication est momentanément rompue.

En revanche, voilà ce que nous pouvons faire :

• **Comprendre.** Faire un caprice est parfaitement normal pour un enfant. Il est atrocement frustré, ne comprend pas pourquoi on lui refuse telle chose ou tel comportement et ne sait pas du tout comment gérer cette foule d'émotions qui l'assaillent.

• **Calmer le jeu.** Quelle que soit la situation (un caprice au supermarché, une crise à la maison), il convient d'attraper l'enfant, le bloquer, le serrer dans nos bras. Oui, c'est un câlin de force ! Il nous repoussera sans doute mais nous allons persévérer, lui parler doucement, lui dire des choses gentilles, pour ne pas donner corps au conflit.

• **S'isoler.** Si nous sommes dans un endroit public et sentons que le dérapage est proche, mettons-nous à l'écart dans un endroit calme. Si nous sommes à la maison, isolons l'enfant un instant. Il faut mettre de la distance entre nous et lui, laisser les émotions douloureuses s'estomper peu à peu.

• **Débriefer.** Lorsque le calme sera revenu et seulement à ce moment-là, nous reviendrons avec l'enfant sur les évènements : « Cela arrive parfois d'être très en colère. Mais ce n'est bon pour personne. Et ça ne sert à rien. Ce n'est pas ainsi que l'on obtient ce que l'on veut. » L'idée est de faire évoluer notre enfant, non l'accabler. Il est déjà très bouleversé par ce qui vient de se passer, jusque dans son corps.

CHOISIR LA GAIETÉ

L'idée est de mettre un peu de joie et de bonne humeur dans ce qui ressemble à des corvées. Le quotidien est assez fait de contraintes comme ça ! Transformons-les en moments de plaisir. Car une mission amusante est une mission dûment exécutée.

Plusieurs petites astuces très simples peuvent s'avérer particulièrement efficaces. Surtout destinées aux plus jeunes, elles peuvent toutefois être adaptées aux plus grands. Nous les mettons souvent de côté au prétexte qu'elles ne sont pas assez « sérieuses ». Mais nous nous privons d'une amusante et plutôt sympathique porte de sortie :

• **La diversion.** Il s'agit d'escamoter subrepticement l'objet de la discorde. Notre enfant refuse de mettre son manteau ? Parlons-lui d'autre chose « Ce week-end j'ai besoin de toi pour faire un gâteau au chocolat ! » Ou regardons ailleurs « Tu l'as vu ce drôle d'oiseau par la fenêtre ? Et si on sifflait comme lui ? ». Et hop ! Le manteau est mis.

• **Le jeu.** Pourquoi ne pas transformer un moment pénible ou une corvée en un jeu ? Nous y pensons naturellement quand nous faisons l'avion pour une bouchée d'épinards. Mais toute situation peut être l'occasion de jouer. Par exemple, si notre enfant commence à s'impatienter à la caisse du supermarché, nous pouvons jouer à inventer le parcours du petit pois qui se trouve maintenant surgelé.

• **L'humour.** Nous avons tendance à l'oublier mais les enfants sont tout à fait capables de comprendre un trait d'humour. Nous lui avons demandé de venir se mettre à table et il fait semblant de ne pas nous entendre ? Proposons : « Si on allait au cinéma ? » ou « Tu veux des bonbons pour le dîner ? » Comme c'est bizarre ! Il nous entend très bien. Un clin d'œil plus tard, celui qui n'avait pas faim pourrait bien être à table...

• **Le chronomètre.** C'est jouer sur l'une de ses cordes sensibles : la course et le désir d'être le premier, le plus fort. Sa chambre est un champ de bataille mais il rechigne à ranger ? Et si on mettait sa chanson préférée et qu'à la fin de la musique, toute la famille Playmobil® soit dans sa boîte ?

• **Le câlin.** Ultime idée pour s'attirer la bonne volonté d'un enfant : un gros câlin et plein de bisous ! C'est une autre façon de faire diversion. Il ne veut pas dire bonjour à la dame ? « Je t'aime et je sais que tu vas y arriver. » Surpris par cet inopiné élan d'amour mais ému, valorisé et revigoré, il pourrait être beaucoup plus enclin à se montrer compréhensif. Et effectuer un petit salut à la dame. Nos demandes ne sont pas une suite de contraintes. Ne faisons pas croire à l'enfant que l'existence est un pensum et que les obligations et les devoirs de chacun sont de véritables supplices. Montrons-lui le bon côté des choses. Et ne nous oublions pas en chemin : à nous aussi cela fera du bien de voir la vie en rose.

FOCUS

- Prendre du recul permet de ne pas passer à côté de son objectif pour ensuite se donner les moyens d'y parvenir.
- La fermeté n'est pas la violence.
- En cas de tension, l'isolement est la meilleure des réponses.
- L'obéissance n'est pas une formalité ; le parent est libre d'inventer et de mettre en pratique ce qui marche avec son enfant.

Il obéit ici,
mais pas là-bas. Pourquoi ?

Si nous sommes parvenus à lui inculquer quelques règles de vie, il suffit que notre enfant mette le nez dehors pour que ses bonnes intentions s'évanouissent. À moins qu'à l'extérieur tout se passe formidablement bien et qu'une fois à la maison, il n'écoute plus rien. Est-il toujours la même personne ?

IL OBÉIT PARTOUT SAUF À LA MAISON

Il est sage comme une image à l'école ou chez les autres. Mais, à la maison, les choses sont compliquées… Essayons de ne pas considérer la situation comme un crime de lèse-majesté ! Que se passe-t-il ?

Nous faisons tous moins d'efforts au sein du nid douillet qu'à l'extérieur. Qui n'a pas traîné en jogging tout un dimanche après-midi ? Le foyer familial est un sas de décompression, un lieu où l'on peut davantage se permettre d'être soi, libéré de la pression sociale extérieure. Il est donc parfaitement sein que notre enfant se sente en confiance chez lui. Il est aussi préférable qu'il tente ses expériences d'indépendance et d'autonomie à la maison plutôt que chez son camarade ou à l'école.

Le problème ne vient donc pas forcément de son obéissance à haute variabilité. Le problème est que la situation vient faire écho à l'une de nos angoisses préférées : celle d'être un mauvais parent. Nous nous sentons parfois sur le gril, en compétition avec les autres, notre sœur, notre meilleur ami, l'instituteur, ou les parents d'un camarade d'école. Nous nous comparons, nous jaugeons, nous jugeons. Le « bon » comportement de l'enfant à l'extérieur vient conforter ce que nous craignons en notre for intérieur : échouer là où d'autres réussissent.

Voilà ce que nous pouvons faire pour mettre à profit la situation :

• **Dire notre fierté** – à lui comme à nous. C'est à la façon dont il se comporte en dehors de chez lui que l'on remarque un enfant bien élevé. En d'autres termes, osons nous avouer que nous avons bien fait notre travail !

Ne partons pas du principe que c'est normal – car ça ne l'est pas tout à fait. N'ou-

Autres lieux, autres mœurs

Les règles de vie ne sont pas les mêmes partout. Les habitudes au Japon ne sont pas identiques aux coutumes africaines. Certaines choses se faisaient hier mais sont obsolètes aujourd'hui, le baise-main par exemple. Expliquons à notre enfant que ces différences sont comparables à celles qu'il peut avoir relevées. On ne hurle pas dans le métro comme on peut crier dans le jardin ; si, chez son copain Tom, on a le droit de manger des bonbons, à la maison, on évite ; d'ailleurs, on ne parle pas de la même façon à Tom qu'à ses parents, etc. Pour que l'enfant s'adapte aux circonstances et module son comportement, il convient de l'aider à comprendre les règles des uns et des autres et le fonctionnement des endroits qu'il sera amené à fréquenter : école mais aussi lieux publics, restaurant, supermarché, transports en commun, etc.

blions jamais de féliciter notre bambin pour ses efforts et encourageons-le à poursuivre ses progrès.

• **Éviter de nous braquer.** Évitons de réagir de façon un peu puérile. Quand l'enfant se comporte bien à l'extérieur, nous en déduisons qu'il va mieux quand nous ne sommes pas là. N'aurions-nous pas un peu de mal à le laisser partir, à le laisser vivre d'autres expériences et apprendre en dehors de nous ? Mettre au monde signifie pourtant ouvrir au monde... Laissons l'enfant nouer d'autres relations sans y voir chaque fois une haute trahison. Et réglons notre petite faille narcissique...

• **Rappeler les fondamentaux.** Si notre enfant se comporte correctement en dehors de chez lui, il est tout à fait capable de rentrer à la maison en ramenant avec lui ses efforts. Nous sommes son parent et il est normal qu'il en profite un peu pour mettre la pédale douce. Cela dit, il y a des règles de base à respecter. Expliquons à nouveau quels sont les principes de fonctionnement de la maison en nous reportant au 4e chapitre.

IL OBÉIT À LA MAISON MAIS PAS À L'ÉCOLE

Chaque matin, notre enfant se métamorphose. Il insulte ses petits camarades, chahute et perturbe la classe, redouble d'insolence envers la maîtresse... Qu'est-ce qui lui prend ?

Il convient d'abord de nous interroger sur l'attitude de l'enfant à la maison. En vivant à ses côtés, nous ne l'avons peut-être pas vu changer. Est-il si sage que nous le pensons ? Ou avons-nous tendance à le laisser faire ? Un bambin impérieux chez lui le sera inévitablement à l'extérieur. Vérifions que les limites sont posées, les consignes enregistrées.

Inversement, demandons-nous si, en voulant bien faire, nous n'en faisons pas trop. Soumis à une grande pression à la maison, l'enfant aura tendance à prendre les libertés dont il a besoin à l'extérieur. Il lui faut un lieu pour souffler. Et c'est à l'école qu'il passe le plus clair de son temps en dehors du foyer familial. Vérifions que les règles ne sont pas devenues des contraintes étouffantes inhibitrices. Essayons de faire le tri et de mettre un peu d'air.

Ce type de comportement peut aussi être l'expression d'un malaise plus profond. Notre enfant a un souci dont il n'ose pas nous parler. Il manifeste sa colère, sa peur ou sa tristesse à l'école, pensant ainsi nous épargner ses problèmes. Voyons si quelque chose le perturbe. Au besoin, n'hésitons pas à en parler avec l'équipe pédagogique : professeurs, directeurs, animateurs auront peut-être un point de vue éclairant.

Voilà ce que nous pouvons faire pour favoriser de bons comportements à l'école :

• **Respecter les acteurs de la vie scolaire.** Un enfant qui n'obéit pas à son professeur a très souvent entendu ou perçu la méfiance voire l'hostilité de ses parents à l'égard de l'école : « Ta maîtresse ne comprend rien ! » « Moi aussi, j'étais nul en maths ! » Évitons ces petites phrases à l'emporte-pièce. L'enfant doit être assuré que ses parents sont les partenaires de l'école, et non ses adversaires. Il est par ailleurs absurde de le dégoûter des mathématiques avant qu'il ne se soit essayé à la moindre opération...

• **Rappeler les consignes de l'école.** L'enfant n'a peut-être pas bien compris l'attitude à tenir en classe : on dit bonjour, merci, etc. ; on lève la main avant de parler ; on ne dit pas de gros mots ; on respecte ses camarades ; on ne parle pas de la même façon à sa maîtresse ou à ses copains ; il y a des moments pour jouer et d'autres pour écouter, travailler, etc. Pourquoi ne pas relire ensemble le règlement de l'école ? Nous pouvons aussi organiser un rendez-vous : enseignant, parents et enfant redisent les droits et les devoirs de chacun.

• **Tenir son rôle.** N'attendons pas de l'école qu'elle éduque notre enfant à notre place. Ce n'est pas son rôle. Un bambin ne pousse pas tout seul sur l'estrade d'une classe ou dans une cour de récréation. C'est à nous de prendre le temps, d'avoir l'énergie et la conviction nécessaires pour le préparer à vivre sa vie pleinement. Certaines personnes nous y aideront. Mais ne leur déléguons pas ce qui reste l'une des plus belles aventures humaines.

IL OBÉIT À PAPA MAIS N'ÉCOUTE PAS MAMAN

Lorsque notre conjoint lui demande de s'habiller, il est vêtu de pied en cap en moins de cinq minutes. Nous, malheureusement, devons lui enfiler ses chaussettes au bout de dix minutes de tractations. Pourquoi tant d'injustice ? Simplement, nous sommes des parents différents. Nous n'avons pas la même histoire, les mêmes capacités, la même (in)tolérance, nous n'avons probablement pas reçu la même éducation. Nos croyances, nos peurs, nos priorités, nos références ne sont pas identiques.

Et la conséquence de tout cela est que nous n'adoptons pas la même attitude vis-à-vis de notre enfant. Nos façons de faire, de dire, d'approuver ou réprouver sont dissemblables. Or, peut-être que l'une desdites façons convient mieux que l'autre à notre bien commun.

Quelle que soit la famille, l'enfant a tendance à obéir plus facilement à son père ou

« Quoi ? Vous avez grondé mon enfant ? »

Lorsqu'un autre adulte réprimande notre enfant, nous sommes tentés de prendre sa défense. C'est compréhensible : il est notre petit et nous le protégeons. Mais l'excuser ou minimiser son attitude alors qu'il s'est bel et bien mal comporté n'est pas l'aider. Sauf en cas d'abus, essayons de faire confiance aux autres. Après tout, pourquoi voudraient-ils du mal à notre enfant ?

à sa mère. Ce peut être à celui qui lui en demande le moins, celui qui sait où, quand et comment lui parler ou, à l'inverse, celui dont il craint l'autorité, ou encore dont il est convaincu qu'elle est juste.

Notre relation à l'enfant est singulière. Bien sûr, cela peut nous contrarier en certaines occasions. Il n'est pas très agréable de constater que notre conjoint se débrouille mieux que nous – surtout quand le chenapan nous le fait bien remarquer... Mais essayons de profiter de la situation plutôt que la condamner. C'est une chance considérable d'être deux pour élever un enfant. Même si ça complique parfois les choses...

Voilà ce que nous pouvons faire pour rééquilibrer la situation :

• **Partager les tâches.** Idéalement, nous devons être deux à jouer les « redresseurs de torts », et deux aussi à endosser des rôles plus affectueux. Essayons de nous répartir les besognes du quotidien : quand, le soir, tout le monde est fatigué, l'un s'occupe de la douche et l'autre du repas. Mais Papa lit l'histoire et Maman fait le câlin...

• **Cesser la compétition.** Se montrer plus clément vis-à-vis de l'un de ses deux parents ne veut pas dire l'aimer plus, ou mieux, ou davantage. Notre enfant nous aime autant l'un que l'autre. Ne le mettons pas en position d'avoir à faire un choix absurde et douloureux. Cessons la compétition !

• **Soutenir son conjoint.** Devant l'enfant, nous devons appuyer les décisions de notre conjoint, aller dans son sens, même si nous pensons tout le contraire. Si nous ne sommes pas d'accord avec tel ou tel principe d'éducation, nous règlerons nos comptes plus tard, en l'absence de jeunes oreilles. Il est toujours possible de négocier malgré nos divergences pour redéfinir une ligne de conduite.

• **En profiter.** Si l'un de nous s'essouffle, s'il est fatigué, contrarié, stressé, qu'il profite de la présence de l'autre ! Au lieu de faire de cette différence un problème, profitons-en. Pour apaiser la tension, éviter l'escalade et le conflit, demandons à l'autre parent de prendre le relais quand nous n'en pouvons plus et/ou que nous n'arrivons à rien. Sans en déduire que nous sommes nuls, décidément pas à la hauteur, incompétents, incapables, etc. Voyons-nous comme des éléments complémentaires.

• **Ne pas stigmatiser l'un ou l'autre.** Maman n'est pas nécessairement une mère-poule et Papa n'est pas un gendarme. Attention aux petites phrases qui désavouent le parent : « Si tu ne m'obéis pas, je vais appeler ton père » ou « De toutes façons, avec Maman, tu n'en fais qu'à ta tête ».

• **Gérer la séparation. Et les discordes.** Car il y en aura forcément. En cas de désaccord, gardons en mémoire que seul compte l'intérêt de l'enfant. Si nous sommes séparés avec notre conjoint, nous pouvons lui dire qu'il y a deux maisons, deux systèmes. Mais l'objectif, lui, est unique : chacun doit vivre en harmonie chez lui. Il est donc important que l'enfant coopère avec l'un et l'autre, même si les consignes diffèrent. Il s'agit surtout de ne pas rompre la communication avec l'autre parent. Rappelons-nous notre but commun, celui d'élever notre enfant, qu'il grandisse et s'épanouisse. Le reste n'est souvent qu'affaire de détails.

IL VA CHEZ MAMIE ET N'OBÉIT PLUS DU TOUT !

Les grands-parents font de formidables éducateurs. Quand ils ne ruinent pas tous nos efforts pour faire entrer la discipline dans notre quotidien. Une semaine de vacances chez Mamie et Grand-Père et voilà que notre enfant exige des frites à tous les repas… Que s'est-il passé ?

Il convient de ne pas se méprendre sur le côté souvent très compréhensif, voire franchement laxiste, de ces grands-parents. Chez eux, les règles sont moins strictes

Télévision, jeux vidéo, Internet et autres écrans

Là encore, nous sommes seuls maîtres à bord. C'est à nous, en fonction de nos références, de déterminer la nature et la fréquence de ce temps de loisir. Il n'est probablement pas opportun d'interdire de façon catégorique tout écran à la maison : cela crée du lien entre les enfants et c'est aussi une façon pour eux de connaître et de comprendre le monde. Mais il faut sans doute en limiter la consommation pour que les autres activités nécessaires à son équilibre ne soient pas mises de côté. S'il y a un temps pour la télévision, un autre pour l'ordinateur, il doit en rester pour le sport, le jeu, la lecture, l'ennui, les apprentissages, l'étude, l'échange et le dialogue, la musique, etc. Tout est donc question de mesure. Lorsque l'enfant est encore jeune, il nous revient, en tant que parents, de décider des programmes qu'il regarde et de vérifier que les jeux ou les sites visités ne sont ni violents, ni dangereux. De nouveau, il s'agit d'accompagner l'enfant dans ce monde virtuel. Le laisser seul face à l'écran de façon systématique et continue présente de réels risques pour son développement physique (troubles du sommeil, de l'attention…) et psychique (isolement affectif, accoutumance…). Ce n'est pas tant l'écran qui pose problème mais la façon dont on le « consomme ». Ni la télévision, ni l'ordinateur ne sont une baby-sitter… Même si un quart d'heure devant Barbapapa© pour calmer tout le monde à 19 h ne fera de mal à personne.

mais ils ont au moins deux bonnes raisons – eux aussi ! D'abord, ils n'ont pas la responsabilité qui est la nôtre : ils ne se doivent pas d'élever notre enfant et ils en profitent. Libérés de la notion de devoir, ils ne subissent pas la pression pédagogique qui pèse au quotidien sur les parents. Ils préfèrent passer de bons moments plutôt que jouer aux pères fouettards. Comment leur en vouloir ?

Et puis, parce qu'ils sont déjà passés par là, ils savent que, bon an, mal an, un enfant, ça pousse et ça retombe sur ses pattes ! Avec leurs propres enfants, ils ont vécu des joies, des peines, ont connu de grandes réussites et de petits échecs. Ils savent que s'énerver pour des broutilles n'est ni pertinent, ni efficace, que seul l'amour finalement compte. Ils n'ont pas baissé les bras : ils voient simplement plus loin que le bout de leur nez.

Bien sûr, nous, ça a tendance à nous agacer. Voilà ce qu'on peut faire pour ne pas tout mélanger :

• **Faire confiance aux grands-parents.** Puisque nous acceptons volontiers qu'ils n'aient pas le même rôle ni les mêmes responsabilités que nous, pourquoi vouloir qu'ils adoptent le même point de vue ? Laissons-les instaurer ce climat de confiance dont l'enfant bénéficiera. Ne prenons pas tout au premier degré. Certaines situations sont agaçantes (l'enfant regarde « Questions pour un champion »), certaines réflexions aussi (« De mon temps, les enfants étaient bien élevés... ») mais elles n'ont objectivement aucune importance.

• **Avoir confiance en l'enfant.** Au même titre que l'enfant apprend que cer-

FOCUS

- L'enfant n'est pas un être figé et statique, il n'est pas toujours le même, quelles que soient les circonstances. Comme l'adulte, il s'adapte et évolue.
- Il s'agit de ne pas prendre à (contre-)cœur les relations qu'il noue avec d'autres mais au contraire de les favoriser.
- Le seul objectif est le bien-être de l'enfant. Les « figures parentales » que sont les parents, grands-parents, éducateurs, pairs, sont en réalité des partenaires complémentaires.

taines choses se font à la maison et pas à l'école, ou chez son copain mais pas chez lui, le nôtre sait parfaitement faire la différence entre ce qui est permis avec ses grands-parents et ce que nous lui autorisons, nous. Laissons-le souffler pendant le week-end et les vacances car un sas de décompression est toujours bénéfique. Nous rétablirons le respect des règles de vie à son retour et sans souci.

• **Rester vigilant.** Si toutefois nous sentons que Mamie règle de vieux contentieux, que Grand-Père sabote sciemment notre éducation ou que l'un ou l'autre met en danger notre enfant (ils le gavent de sucreries alors qu'il a du diabète), il est temps de prendre nos responsabilités. Rappelons gentiment mais fermement quelles sont les habitudes de l'enfant et quels sont nos choix éducatifs. Demandons à ce que les impératifs, comme les obligations de santé, soient respectés. Si la situation se complique, accompagnons notre enfant chez eux ou limitons les visites. Le lien avec les grands-parents doit rester un bonus.

Conclusion

Nous allons refermer cet ouvrage et un doute, peut-être, subsiste. Allons-nous être capables de suivre ces conseils ? Allons-nous pouvoir mettre en pratique la théorie de la motivation ? Et si nous « craquions » ? Et si, un jour, nos louables intentions, nos bonnes résolutions, s'envolaient ?

Nous sommes parents, oui, mais nous sommes humains. Et ne pouvons être exemplaires à chaque minute. Fatalement, nous connaîtrons des moments d'abattement et de lassitude, nous allons commettre des erreurs, en faire trop, pas assez, trébucher, voire tomber.

Guider un enfant dans la vie demande du courage, de la patience et une bonne dose d'endurance. Nous devrons sans cesse « remettre l'ouvrage sur le métier ». Il nous faudra réexpliquer, imposer parfois, céder sans doute, prendre de la hauteur, non pas une mais cent fois, mille fois, sans nous décourager d'une part, et sans nous dire pitoyable de l'autre. Il nous faudra tenir la distance. Et dans les moments difficiles, regarder toujours devant nous, un peu plus loin : bon an, mal an, nous allons réussir à faire de notre enfant quelqu'un de bien, c'est certain. Ne mettons pas la barre trop haut et sortons du formalisme ambiant.

Et sortir du formalisme commence par s'approprier cet ouvrage, en conserver le meilleur, ce qui nous aura intéressé, ému, questionné, nous-mêmes – et pas un autre. Les meilleures méthodes ne sont pas celles que l'on suit à la lettre mais celles que l'on voit fonctionner. Surtout, ne croyons pas qu'en refermant ce livre, l'enfant nous obéira tout le temps, tout de suite et pour toujours. Il reste cette petite pousse qu'il nous faut aider à grandir.

Alors, laissons-nous du temps. Nous sommes, de fait, devenus parents le jour où il a poussé son premier cri. Mais nous apprenons chaque jour à être son parent à lui. Et lui aussi nous apprend, lui aussi nous fait grandir.

Laissons-nous du temps et laissons-lui du temps. Le temps à lui aussi d'apprendre et de grandir. Et n'oublions pas. Un jour, la petite pousse sera un jeune arbuste. Il sera plus grand et nettement plus conciliant. Parce qu'il aura intégré que les règles de vie ne sont pas de vilaines contraintes mais des balises bien pratiques pour avancer sur le chemin de l'existence.

Et puis un autre jour, beaucoup plus lointain celui-là, il sera un arbre très grand. Il ira fort bien et ne nous obéira plus. Il vivra sa vie d'adulte. Parfois nous lui donnerons des conseils, il les suivra. Ou pas. Un peu comme aujourd'hui, non ?

Crédits photographiques : Agence Fotolia
Maya Kruchancova : 6 ; Eléonore H. : 10 ; unguryanu : 17 ; pojoslaw : 25 ; Fotowerk : 34 ; Studio DER : 43 ; gosphotodesign : 51 ; Monkey Business : 58 ; gosphotodesigne : 67 ; kfleen : 79 ; WONG SZE FEI : 90
Photographie de couverture : Sandro Di Carlo Darsa/PlainPicture

Imprimé par Castelli Bolis Poligrafic en Italie
Dépôt légal : janvier 2013
23-09-367
ISBN : 978-2-01-230936-4